# 石頭上的香港史

蕭國健　著

序

# 史前石刻篇 CHAPTER 01

# 摩崖石刻篇 CHAPTER 02

# 棋盤石刻篇 CHAPTER 03

# 界石篇　CHAPTER 04

# 紀念碑石篇　CHAPTER 05

# 奠基石篇　CHAPTER 06

# 序

　　銘刻文多鐫刻於石塊上，為紀功載德之工具，以期能永久留存。此等石塊，多發現於郊野崖壁、交通要道、公共建築內，及墳場墓碑上。此等石刻，多為記錄一地所發生之大事及公共設施之建設。自古以來，此等紀錄甚為史家所重視。

　　香港沿海一帶發現多處古代岩畫（石刻），為先民留下之珍貴文化遺產。崖壁或大石上刻鑿之摩崖石刻，多紀念社會生活大事。界石顯視香港地區歷史之發展及演變。郊野石磴古道之分叉路附近，間有豎立「問路石」，標示地名及方向，方便行旅辨路。此外，本港自開埠後，都市之發展，多所建設，多有勒石，刻文以紀其事。如建路建屋，多有豎立奠基石以誌。

　　本書旨在介紹香港地區存有之石塊上之紀事文字。全書分六篇：史前石刻篇、摩崖石刻篇、棋盤石刻篇、界石篇、紀念碑石

篇、奠基石篇。書中除將各碑石原文紀錄外，並詳述其勒石之由來，及其與社會文化現象之關係。

　　本書之編寫，蒙各界好友之幫助，始得完成，特此致謝。因近年香港之發展，部分石刻或已湮沒，有等或被改置，原貌或已難考，書中所附之照片，可作歷史性之記錄。不足之處，敬希惠予賜正。

2021 年玖月
蕭國健於顯朝書室

岩畫是一種石刻文化，在人類社會早期發展進程中，人類祖先以石器作為工具，用粗獷、古樸、自然的方法——石刻，來描繪、記錄其生產方式、經濟活動及社會生活內容，它是人類社會的早期文化現象，是先民留下的珍貴文化遺產。

　　香港沿海一帶發現多處古代岩畫石刻，包括大嶼山石壁、長洲東灣、東龍島、蒲台島、西貢滘西洲、龍蝦灣、港島大浪灣、黃竹坑及黑角頭等地。此等石刻風格十分相近，紋飾基本呈幾何形，隱約可見人物或鳥獸圖案。要確定石刻的刻鑿年代、原因、方法及出自何人之手，殊非易事，但從風化情況推測，其年代應十分久遠。

## 大浪灣石刻

大浪灣石刻位香港島南區石澳東部大浪灣北岬一臨海石崖，於 1970 年由一名警務人員發現。石刻離水面 5-6 公尺高，面積約 90 厘米乘 180 厘米。紋飾呈幾何形，圖形為抽象猛獸紋，形如饕餮，有首有身，頭部有眼，旁刻紋如手臂高舉。石刻紋理呈現石器雕鑿痕跡，估計刻鑿年代約為新石器時代晚期。石刻前有平石台，疑供祭神時用。

早期該區沿海居民多以海為生，於海濱刻石，相信有鎮撫怒海、護佑航海人士，以及對航海及天文表現崇拜之意。石刻於 1978 年列為古蹟。現該處四周已加建封罩以作保護。

大浪灣石刻全貌 　　　　　　大浪灣石刻局部

## 黃竹坑石刻

黃竹坑石刻位於香港島南區南風道、港怡醫院對面山邊，深入內陸，離海邊約一公里，位處小溪之上。石刻呈幾何紋，石上有三組明顯的回旋紋，或說為雷紋，狀似動物眼睛。紋飾圖形為

抽象鳥獸紋，形如鳥、蝶、饕餮。石刻紋理有石器雕鑿痕跡，估計刻鑿年份約為四千年前的新石器時代。

石刻離海濱地區頗遠，其前無供祭祀用的石平台。其下有小溪流經，雨季時或有山洪暴發之災，石刻疑為先民鎮壓水患之用。該石刻於 1984 年列為古蹟。

黃竹坑石刻全貌

黃竹坑石刻局部

### 黑角頭石刻

黑角頭為香港島東部歌連臣角地區一處海角，位於香港島東部柴灣及小西灣以南、大浪灣以北。2018 年 10 月，有人於黑角頭懸崖上發現一古代石刻。該石刻離水面約 11 米，面積約 160 厘米乘 260 厘米。

紋飾刻在一處頗平坦的風化石面上，呈幾何及曲線圖案，與大浪灣及東龍洲石刻的紋飾十分相似，石刻紋理呈現石器雕鑿痕跡，刻鑿年份約為新石器時代。由於石刻位處當風懸崖上，其周圍風化嚴重，故全貌已不能睹，難以推測其意。石刻於 2019 年列為古蹟。

黑角頭石刻全貌　　　　　　　黑角頭石刻局部

### 東龍洲石刻

東龍洲石刻或稱東龍石刻，位新界西貢區南部東龍洲之西北角，土稱龍紋石刻，古稱「石壁畫龍」。早在 1819 年，舒懋官《新安縣志》中已有「石壁畫龍，在佛堂門，有龍形刻於石側」之記載。石刻長約 2.4 米，高約 1.8 米，位一垂直面水之懸崖上，離水面約 11 米，呈幾何及曲線圖紋，其紋理有石器雕鑿痕跡，刻鑿年份約為新石器時代晚期。前有平石台，疑供祭神時用。該石刻現已被列為香港法定古蹟。

饒宗頤教授描述該石刻左首圖案云：

> 石壁方廣約丈餘，去水僅二丈，壁面極平整，刻紋以雙鉤線條作異獸狀，巨首似夔，長口，有角，尾捲如鉤，彷彿古器物螭紋。

古人以龍子為螭，推測古人因而以該石刻為龍紋。秦維廉氏

（William Meacham）則認為：

> 在右邊的似乎是一雙裝飾非常華麗的鳥，可惜只有頭部，或者甚至是雙腳，還可以從盤根錯節中辨認出來。左邊由許多形象所組成，有幾隻「眼」及其他分不清楚的東西。

若是，則石刻表現鳥（右）獸（左）相會之景象。曾有學者相告，「鳥」為烏滸族圖騰，此地或為該族與他族會盟之所，惜無資料印証，只錄之以存疑。

東龍洲石刻

　　　　　　　　　　　　　　　石頭上的香港史

## 蒲台島石刻

蒲台島石刻又稱回紋石刻，亦稱雷紋石刻，土人稱鬼字石，又稱美人頭，位香港島以南蒲台島南端之南氹，1960 年代被發現。石刻位海濱一處平整石壁上，呈幾何及曲線圖紋（雲雷紋），其紋理有石器雕鑿痕跡，約為新石器時代刻鑿。石刻前有平石台，疑供祭神時用。石刻前有人工鑿成的小海澳，疑為古人乘舟着陸之所。

該石刻分左右兩部分，由一條闊 0.7 米之石縫分隔。右邊石刻高六呎，闊二呎許，呈抽象猛獸紋，形似動物，有首有身，頭部有眼及口，身軀由四個回字組成，腳部則各以上下回字疊砌，兩手下垂，頗為生動。左邊石刻高四呎，闊二呎許，圖紋則由螺旋狀條紋連結組成，含義不明。兩石刻頂上有刻紋三組，狀似三叉，意義不詳。石刻現已被列為香港法定古蹟。

## 長洲石刻

長洲石刻位長洲島東南部東灣與觀音灣之間，華威酒店前山坡下，1970 年被發現。石刻位於海濱，離水面約二十餘呎之塊狀平整雲斑岩石壁上，面海而立，高約三呎，闊四呎餘，呈幾何及曲線圖紋（雲雷紋），惜長期被侵蝕，剝落嚴重，紋理已不太清楚。惟據可見之圖紋，其狀如猛獸之首，有眼、鼻及口。石刻右首另有刻紋一組，紋理模糊不清，其意難明。石刻紋理呈石器雕鑿痕跡，約為新石器時代刻鑿。石刻於 1982 年被列為香港法定古蹟。

長洲石刻全貌

長洲石刻左邊局部

長洲石刻中間局部

長洲石刻右邊局部

### 石壁石刻

石壁石刻位新界大嶼山南部石壁崗背山腳，今石壁水塘堤壩東端下方，石壁懲教所以東，距離海岸約 300 米。該處昔日為海邊。石刻於 1938 年為陳公哲發現。石刻圖紋呈正方螺紋，由六個正方回字綴成，其右下方另有多個同心正方形及圓形圖紋，類似古代青銅器上的圖案。因此考古學家估計，該石刻約為三千年前青銅器時代刻鑿。石刻表面因被風雨侵蝕日久，剝落程度頗深，紋理已不太清楚。石刻現已被列為香港法定古蹟。

石頭上的香港史

其旁舊有陳公哲於 1938 年所題刻之五言詩一首,曰:

石筍轟東灣,沉沙考玦環。

蘊藏多寶氣,攻錯借他山。

磨洗存千古,謳吟到百蠻。

前朝空悵望,提筆莽蒼間。

該詩今已難睹。

　　附近海拔約 350 米山咀處,有一平整大圓石,其頂上有三處簡單正方圖形,並間有十字形線條刻紋數組,疑為棋盤石刻。因該處向南,石刻受風蝕甚烈,其剝落程度嚴重,紋理已模糊不清。

石壁石刻

石壁石刻說明牌

### 滘西洲石刻

滘西洲石刻位新界西貢區滘西洲西北岸，於 1976 年被發現。石刻位濱海垂直石塊上，離水高約 2 米，所在之處很難由陸路到達。石刻圖紋飽經風蝕，下半部尤為嚴重，但仍依稀可見獸形紋樣。石刻於 1979 年被列為古蹟。

滘西洲石刻

滘西洲石刻說明牌

### 龍蝦灣石刻

龍蝦灣石刻位新界西貢區清水灣半島龍蝦灣，於 1978 年被發現。石刻所在岩石面向東方，圖紋呈飄忽的幾何形狀，部分可辨出鳥獸及眼睛圖案。因久經風化，圖紋已極為模糊。亦有學者認為該石上紋理只是天然侵蝕所致。石刻現已列為香港法定古蹟。

龍蝦灣石刻

龍蝦灣石刻局部

　　在新石器時代，香港先民大多聚居於海邊沙堤及山坡上，過着簡單漁獵生活，此等石刻可證香港很早已有人聚居。先民平日出海捕魚，風雨難測，隨時遭遇凶險，每年六月前的豪雨、六月後的颱風，都嚴重威脅其安全。以當時的生活條件，實難以逃避災害，更遑論防範應對。在惶恐無助的情況下，為求平安，漁民惟有向靈界祈求，尋求心靈安慰，或寄望有一種可以「鎮壓」風雨的猛獸助其克服災患。觀香港地區現存古石刻所在位置，及其面向之方位，均為颱風吹襲方向，可證先民為鎮海患而刻鑿此等圖紋。

　　香港古代石刻圖紋，可歸納為「雲雷紋」、「饕餮紋」、「蟠螭紋」、「鳥紋」及「蛇首紋」多類。各類紋飾雖有不同，但均以祭祀崇拜為創作目的。

　　雲雷紋呈圓弧形捲曲或方折迴旋紋理。圓弧形者稱為雲紋，方折形者為雷紋。兩廣先民的銅鼓文化中，雲雷紋為主要紋飾，象徵雲雷共存天際，充分反映華南先民對雲雷的崇拜。港島黃竹

坑、大嶼山石壁及西貢滘西洲之石刻，疑屬雲雷紋。

饕餮紋指狀似獸面之紋飾。據《呂氏春秋・先識》載：「周鼎著饕餮，有首無身，食人未咽，害其及身，以言報更也。」按此描述，饕餮是有頭無身、極為貪吃的怪獸。唐段成式《酉陽雜俎》則記載，饕餮為龍所生九子之一。另有一說稱饕餮原為斷頭之蚩尤。還有專家將饕餮與虎形聯繫，指為虎的誇張及變形。無論解釋如何，大抵可理解為先民欲透過此兇猛怪獸圖像，以對抗、鎮伏海上的凶險及災患。港島石澳大浪灣、蒲台島、長洲東灣等地的古石刻，疑即饕餮圖案。

蟠螭紋指龍形圖案。蟠螭即盤曲之龍。三國張揖《廣雅・釋魚》謂：「有角曰虯龍，無角曰螭龍。」唐顏師古註《漢書》引文穎之見解謂：「龍子為螭。」清嘉慶《新安縣志》便稱該石刻為「石壁畫龍」。東龍島古石刻的右首部分，即屬蟠螭紋。而該石刻左首部分，形如一鳥，疑為鳥紋。

鳥紋泛指鳥形圖紋。我國文化以鳳為鳥中之尊。傳說鳳為群鳥之長，飛時百鳥隨之，被尊為百鳥之王，故傳統視鳳為吉祥鳥。《說文解字・鳥部》云：「鳳之象也，鴻前麐後，蛇頸魚尾，鸛顙鴛思，龍文龜背，燕頷雞喙，五色備舉。出於東方君子之國，翱翔四海之外，過崑崙，飲砥柱，濯羽弱水，莫宿風穴。見則天下大安寧。」但若以圖騰崇拜而言，鳥紋的出現和發展，每每是先民對男性生殖器官聯想投射，實為生殖崇拜之一種。

蛇首紋指類似蛇頭的圖形。我國古代有螣蛇（或騰蛇）之

石頭上的香港史

說，被列為神獸之一。《荀子‧勸學》云：「螣蛇無足而飛，鼫鼠五技而窮。」更有專家指，蛇實為龍之原形。華南地區靠水近海，常見水蛇，俗稱蛟龍，以其特長之特質，成為族群之圖騰及信仰。西貢龍蝦灣及港島黑角頭石刻，疑即蛇首紋圖案。

先民經常面對暴風巨浪及其他自然災害，懼怕災患與厄運，故在海邊崖壁刻鑿圖紋，並作祭祀，或許是想借其兇猛圖案鎮壓、懾服各種自然災害和海上災難，盼求出航安全，祈求自身平安順暢、人丁昌旺、漁獲豐盛。

※ 摩崖石刻篇

## CHAPTER 02

摩崖石刻簡稱摩崖，為刻於懸崖或岩壁上的巨型書法石刻，
通常由名人在特殊場合書寫，然後刻在石上，作為紀念銘文。摩
崖石刻有廣義、狹義之分：廣義的摩崖石刻為在崖壁或大石上刻
鑿的文字、圖案、造像等；狹義則專指利用天然石壁刻文紀事。
本港摩崖石刻所在地點，多為風景怡人、山水共融之地，或是名
勝古蹟附近。

### 佛堂門大廟灣南宋石刻

　　大廟灣刻石，又名地堂咀刻石，俗稱南宋石刻，位西貢區清
水灣半島南部大廟灣地堂咀、佛堂門天后古廟背後。石刻刻於南
宋咸淳十年（1274），為當時官富場鹽官嚴益彰與友人遊南北佛
堂（即今東龍洲、大廟灣與田下山）時所刻立。該刻於 1955 年

由建築師余謙發現，已被列為香港法定古蹟。

大廟灣南宋石刻全貌

石刻文字部分

　　石刻位一大石上，石長約十呎，高約五呎，厚約五吋，全文有一百零八字，分九行，每行十二字。文云：

> 古汴巖益彰，官是場，同三山何天覺來遊兩山。玫
> 南堂石塔，建於大中祥符五年（1012）。次三山鄭廣清，
> 堞石刊木，一新兩堂。結永嘉滕了覺繼之。北堂古碑，
> 乃泉人辛道樸鼎剏於戊申，莫玫年號。今三山念法明、
> 土人林道義繼之。道義又能宏其規，求再立石以紀。
>
> 　　　　咸淳甲戌六月十五日（1274 年 7 月 20 日）書

### 青山頂石崖上「高山弟一」題刻

「高山弟一」題刻，位青山頂石崖上，自青山禪院後山路登

山，約半小時可抵題刻。該題刻世傳為韓愈路經屯門時所遺墨寶，蓋因該四字旁有「退之」二字之故。惟據許地山先生於《廣東文物》卷六之〈香港與九龍租借地史地探略〉一文所考，該題刻實為錦田鄧氏先祖鄧符所作。其於北宋年間宦遊屯門，摹韓愈書法「高山弟一」四字，命工刻於青山之巔。今日久剝落，題刻已難辨認。

今青山禪院背後杯渡岩旁石崖上，有「高山弟一」新碑。1919 年，曹受培摹拓青山頂之舊碑，命工於杯渡岩旁鑿石摩刻，並撰文詳釋其事，勒石於新碑旁。曹受培，號青山漁隱，居屯門青山山腳晴雪廬，於青山絕頂獲「高山弟一」題刻，因其旁有「退之」兩小字，遂疑為韓愈手筆。曹氏繼於榛叢中獲清嘉慶二十四年己卯（1819）《黃椰川題碣》詩，一並重刻「高山弟一」新碑旁，供遊人欣賞。黃椰川名不見經傳，疑為清嘉慶間一文人雅士，登青山訪韓愈碑後，題刻此描述屯門形勢及風光之七言律詩。

曹受培「高山弟一」新碑序文云：

> 「高山弟一」四字，字大逾尺。在新安縣之屯門山。屯門山一名杯渡山，又名青山。縣志所謂，杯渡之巔，鐫「高山弟一」四字，舊傳為韓愈題者也。其旁題有「退之」二字，字畫蝕殘，隱約可辨。又碑後有：「兩巖雖云牢，木石互飛發；屯門雖云高，亦映波浪沒」

石頭上的香港史

二十字。首尾款識，剝殘已盡，不知題者為誰。唯兩巖四語，見於昌黎集《送元協律詩》中。蓋以狀颶風掀簸之勢者。豈當時謫官南來，由廣詣潮，舟行遇風，於此小泊。遂乘興登臨，濡染大筆而為之歟。志又載，宋蔣之奇《杯渡山紀略》亦引屯門之語為證，獨於題字缺而不載。豈以韓書流傳已久，無待致詳歟。余於己未仲冬探勝至此，剔苔剔蘚，摩挲者久之。既念名蹟之可珍，而又以巖徑陡峭，苦於躋攀，恐眾目之不能快睹也。乃掄工摹刻，置諸青山禪院，以餉遊者，而識其大略於此。其兩巖二十字及退之款識二字，模糊太甚，工無可施，徒滅沒於荒煙蔓草之間，以寄思古之慨而已。

民國九年歲在庚申十二月朔日

番禺曹受培書於屯門晴雪廬


新碑旁黃椰川題碣詩云：


高峰絕頂少行縱，古道盤紆屈曲通。

太甲五雲隨放蕩，中揩七曜走洪濛。

捲來西海平於席，放出南山大作宮。

鐵笛吹殘斜照外，屯門截得一隅紅。

嘉慶己卯黃椰川跋韓退之碑後

詩下有序云：

余初卜居屯門新墟，相地結廬，遇一老漁，謂余
曰：此地名七星伴月。叩其故，則不復言，後亦不復與
此翁遇矣。己未冬，余訪韓碑，望青山絕頂，無意於
榛叢中，獲見黃梛川題碣詩，詠屯門形勢，與草廬宅相
相符。讀至中塏七曜走洪濛句，余始恍然以前老漁之言
矣。因庚申嘉平月，重刊韓碑於青山禪院，爰將此碣原
搨，亦重刊坿焉。

青山漁隱記

曹受培「高山弟一」新碑

惜禪院背後「高山弟一」新碑之「弟」字，近年竟被塗改作「第」字，真蹟只隱約可辨。

青山頂石崖上「高山弟一」題刻前有一亭，名韓陵片石亭。亭北有一石碑，上刻伍華於 1929 年所撰之《遊青山記》，文云：

### 遊青山記

自來元勳宿將，出守雄藩，帳帷所駐，輒於其名山奧區，登臨遣興，泐石留題，以永部民瞻慕。如羊叔子之鎮襄陽，築亭峴首山，至今猶存勝蹟。同外古今，當必同茲寄託也。金文泰制軍來鎮香港，朞月即已海波恬息，境土艾安，政清民和。治理休暇，乃思娛情山水，聯歡上下。丁卯六月，華隨侍車蓋，遊涉青山，憩於曹氏之晴雪廬。於時，日馭舒徐，雲峰奇譎，仁風所被，蒸鬱全消。制軍乃降尊紆貴，略分言讙，官商雜遝，言笑喧闐，說餅品茶，浮瓜沉李，意甚樂之。乃訂重遊，期躋絕頂。越明年春三月，乃偕其夫人公子復蒞茲山。華亦得隨鞭鐙，攀岩越谷，造極登峰，拂袖重霄，振衣千仞，俯瞰溟渤，仰視雲天。無數帆檣，出沒霞外；萬家煙樹，隱約嵐邊。摩挲昌黎高山弟一石刻，知山為此邦之名勝、群峰之領袖。一覽眾山，皆出其下也。華兩侍清塵，追陪遊衍，知制軍樂易心胸，得此山之遊而愈拓；此山崇閎體勢，得制軍之遊而益彰。閭閻騰頌，山

川效靈。爰為文以紀其盛，系以銘曰：制軍之德，與山同厚；制軍之名，與山同壽。地以人傳，人以地傳，期億萬斯年而共垂不朽。

己巳歲（民國十八年 1929）仲秋穀旦　台山伍華謹識

兩次隨侍港督金文泰登青山的伍華（1874－1950），祖籍廣東台山，香港出生，為香港建築商。其人初任職海軍船塢，1920 年代創辦生泰建築公司，承造公私建築工程，甚得時任港督金文泰歡心。香港日佔時期，獲委任為以周壽臣為首之華民各界協議會委員。曾任保良局及東華醫院總理。其子伍秉堅，曾任市政局議員。

青山頂石崖上之韓陵片石亭

石頭上的香港史

該亭之命名，本為紀念韓愈遊屯門、登青山之頂且題刻「高山弟一」四字。惜其後考證獲知，該石刻乃宋人鄧符所題，致使該亭原義全失。但從該處可俯瞰屯門全景，仍不失為一名勝。

### 宋皇臺石刻

　　宋皇臺，位九龍灣畔一濱海小丘上，該小丘名聖山（Sacred Hill），位今九龍城之南，舊啟德機場西，馬頭角之西北，高一百一十四呎，周圍一千八百呎，其上有巨石，高五十呎，頂平，下有二小石支持；二石之間有天然岩洞，能容十餘人。據云：此即宋帝「石殿」之遺蹟。

宋皇臺石刻

該巨石西面稍平，上刻「宋王臺」三字。「宋」字高二十六英吋，「王」字高二十二吋半。「臺」字高二十七吋，三字俱闊約二十吋。字體古勁，「臺」寫法特異，乍看有類「堂」字。石刻成於元代，稱「宋王」而非「宋皇」，似表貶抑。然「宋王」之稱號，實沿於元脫脫所修之宋史。該臺之得名，殆因宋末帝昰、帝昺二帝南遷時曾駐蹕於此。二帝車駕離九龍後，元人遂刻「宋王臺」三字於該巨石上，以紀宋帝之曾駐蹕於此。

「宋王臺」三字右旁另有「嘉慶丁卯年（嘉慶十二年，1807）重修」七字。簡又文先生於其《宋末二帝南遷輦路考》一文中謂：

> 該石刻乃由廣東水陸路提督錢夢虎、受命新安營游擊（全銜為水師提標左營游擊）林孫、知新安縣事李維瑜，及官富巡檢故宏昭等於嘉慶十二年重刻。

十九世紀末，有港人欲在聖山採石。1899 年 2 月，港紳議員何啟爵士代表民意，請求立法局立例禁止於此地採石，遂有「保存宋皇臺條例」：

> 規定此地不得租賃建築屋宇，或他項用途，惟須保存該項勝蹟，以資後人遊覽，並藉作考古之用。

同時，政府又於山麓立中英文小石碑，字分兩行，中文部分為：

此地禁止採石，以保存宋皇臺古蹟。

　　1915 年，政府擬公開拍賣該地，香港大學教授賴際熙籲請政府永遠保留該古蹟，並有港紳李瑞琴捐貲建築石垣環繞。政府許其議，古蹟遂再獲保存。1941 年，日軍佔領香港，為擴建啟德機場，乃將聖山上巨石炸開，用以建築機場跑道，刻有「宋王臺」三字之巨石則幸能保存。1945 年，本港重光，政府為保存古蹟，乃於聖山原址之西、譚公道東，建「宋皇臺公園」，並將此巨石削為四方形，移置園內。公園於是年冬落成，旅港趙族宗親總會獻議立紀念碑於園內，碑文由簡又文先生主撰。1959 年12 月 28 日舉行紀念碑揭幕典禮。碑記分中英文，分立入門左右處，遊園者一讀碑文，即可知宋皇臺歷史之大要。

### 九龍宋皇臺遺址碑記

　　宋皇臺遺址，在九龍灣西岸，原有小阜名聖山者，巨石巍峩，矗峙其上。西面橫列元刻宋王臺牓書，旁綴清嘉慶丁卯重修七字。一九一五年，香港大學教授賴際熙籲請政府，劃地數畝，永作斯臺遺址。港紳李瑞琴贊勷其事，捐建石垣繚焉。迨日軍陷港，擴築飛機場，爆石裂而為三，中一石摩崖諸字完整如故。香港光復後，有司仍本保存古蹟之旨，在機場之西南，距原址可三百尺，闢地建公園。削其石為長方形，移寘園內，藉作標

識，亦從眾意也。

考臺址明清屬廣州府新安縣，宋時則屬廣州郡東莞縣，稱官富場。端宗正位福州，以元兵追迫，遂入海，由是而泉州、而潮州、而惠州之甲子門。以景炎二年春入廣州治，二月舟次於梅蔚，四月進駐場地，嘗建行宮於此，世稱宋皇臺。或謂端宗每每憩於石下洞中，故名，非所知矣。其年六月移蹕古塔，九月如淺灣，即今之荃灣也。十一月，元兵來襲，乃復乘舟邅秀山。計駐於九龍者，凡十閱月焉。有宋一代，邊患迭興，西夏而外，抗遼、抗金、抗元，無寧歲。泊夫末葉，顛沛蒙塵，暫止於海澨一隅，圖匡復興。後此厓山，君臣所踐履者，同為九州南盡之一寸宋土，供後人憑弔而已。

石刻宜稱皇，其作王，寔沿元修宋史之謬。於本紀附二王，致誤今名。是園曰宋皇臺公園，園前大道曰宋皇臺道，皆作皇，正名也。

方端宗之流離播越也，宗室隨而南者甚眾，後乃散居各邑。趙氏譜牒，彰彰可稽。抑又聞之，聖山之西南有二王殿村，以端宗偕弟衛王昺同次其地得名。其北有金夫人墓，相傳為楊太后女晉國公主先溺於水，至是鑄金身以葬者。西北之侯王廟，則東莞陳伯陶碑文疑為楊太后弟亮節道死葬此，土人立廟以祀昭忠也。至白鶴山之遊仙巖畔，有交椅石。據故老傳聞，端宗嘗設行朝，

以此為御座云。是皆有關斯臺史蹟，因並及之，以備考證。

　　一九五七年歲次丁酉冬月，新會簡又文撰文，台山趙超書丹，而選材監刻、力助建碑，復刊行專集以長留紀念者，則香港趙族宗親總會也。

一九五九年香港政府立石

宋皇臺遺址碑記

### 九龍城侯王廟後「鵝」、「鶴」二石

九龍城侯王廟背後，有陽刻「鵝」「鶴」二石。「鵝」字石真蹟本前清九龍城西頭村張壽仁所書。其旁對聯「古石書鵝摹逸少，名山駕鶴迎侯王」，為光緒十三年（1887）東官（即今之東莞）黎慶堂所書。惜真蹟於二次大戰時已毀。現存者乃1970年時模刻，並於其前建亭，內置石桌石椅，供人憩息，亦不失為一觀賞勝地。

「鶴」字石現仍位侯王古廟背後、「鵝」字亭側，石上「鶴」字為署名「鳳山」者一筆書成。其旁伴有光緒十四年（1888）桂樹黃潤華所書對聯：「道古仙岩歸鶴嶺，侯王顯赫鎮龍城。」字與對聯亦為陽刻。該石刻真蹟至今保存良好，可供研究。

「鶴」字石真蹟

新刻之「鵝」字石

## 西貢清水灣田下山上地圖石刻

清水灣半島田下山東南麓，北佛堂門天后古廟背後山上一巨岩石上，於 1974 年，發現一形如地圖之石刻。該石刻平面寬約五呎，高約三呎，成垂直平面，鑴於一高約十呎之巨岩上。刻紋曲折迴旋，如地圖之海岸線。刻痕深約半吋，刻度極平均，寬度則保持四分三吋。中部有一缺口，餘部則為一氣呵成。該石刻所在之巨岩，面向西北，海拔約五百七十二呎，其前不足兩呎處，與岩對峙，中通一縫，闊可過人。因其地形得此屏障，故刻紋受侵蝕程度不嚴重。

觀刻紋所示，大致為本港東北部之牛頭角及清水灣兩半島略圖：西自九龍鯉魚門起，經將軍澳、大小赤沙、上流灣、田下

灣、碇齒灣、佛堂門，而東至布袋澳止。至其中部所示之缺口，則疑為將軍澳之盡頭，因為如站立在田下山頂石刻之位置，視線則不能直透將軍澳，因受地塘頂山所阻，故佛堂咀及砧板角沿岸一帶未能入目。可惜全石刻中並無文字可供研究。

石刻以東，海拔稍降十餘呎處，有一石凌空疊架。其向北一面，表面有紋理三節，但並不相連，用意至今未明。

由此二石刻紋理，可知其為人手所鑿，但查考本港前代史志以及近代考古學者的著述，均無相關記錄，其用意未詳。惟有估計為海盜地圖石刻。

地圖石刻所在的清水灣田下山

地圖石刻

### 長洲大石口藥方石刻

長洲大石口天后古廟旁之峭平石崖上，有一藥方石刻。石刻文字並非排列得井然有序，而是分散在石面不同部分。石刻頂部築有石壆三條，以作保護。由於石刻久經風雨侵蝕，剝落嚴重，其上青苔滿佈，今只餘十數行共數十字隱約可辨。

可辨文字直書如後：「⋯⋯海少⋯⋯分又將二分⋯⋯本⋯⋯全⋯⋯如有吐瀉腹痛⋯⋯壹疑即付⋯⋯土坭連水⋯⋯壹碗煎至七分服者即⋯⋯五行語五行如有好⋯⋯各省各府各廳各鄉，功德無量矣。」

頂上另有直書文字數行，可辨者有「⋯⋯初生小兒三歲⋯日⋯⋯症乃是⋯⋯風⋯⋯」

從可辨文字中，可見該石刻為一藥方，內容與醫治小兒吐瀉腹痛等疾有關。文中有「各省各府各廳各鄉」等字，故疑為清末民初時所刻，其鐫刻之原由，想為希望以此藥方存世，造福社會。

石刻所在位置為大石口海濱通往長洲墟的大路旁，今為旅遊勝地，石刻可供觀賞。

大石口藥方石刻說明牌

石刻字跡

# 棋盤石刻篇

香港大嶼山石壁及東涌村後山上，皆曾發現棋盤石刻遺蹟。

## 大嶼山石壁棋盤石刻

1962 年，香港大學考古隊於石壁山谷後面的陡峭高坡上，發現兩幅棋盤石刻，雕刻在一塊頂部平坦的火山岩石上。該石刻由兩組簡單正方形刻紋組成：右首者為四橫線及四直線刻成的九個小方格，形如習字所用的九宮格；左首者中由一橫一直兩線分割成四方格後，每格內再由斜線分割成米字形。

該石刻所在的石塊受風蝕嚴重，附近亦無其他文物可供研究，故其刻鑿年代難考。左首石刻疑為我國民間傳統的「走翻棋」棋盤，右首者疑為「四頂棋」棋盤。

石頭上的香港史

### 大嶼山東涌村後山棋盤石刻

大嶼山東涌村後山一平整大石上，亦發現棋盤石刻一幅。該石刻的刻紋由三個同心正方形組成，八條線從中央方形處以米字形向外伸展，與其餘兩方形連接。

石刻位於東涌所城背後山上，位置可俯瞰大嶼山北面海岸，故被疑為當年放哨士兵休閒時下棋的棋盤。或謂該石刻可能為近代旅遊人士或露營者所留下本地流行的「三棋」遊戲。

### 其他地區發現的棋盤石刻

上述的「三棋」及「四頂棋」棋盤石刻，於香港西貢海下村、大埔丁角村及澳門路環島九澳灣皆有發現。此外，中山小欖雙美橋上，亦有「三棋」棋盤石刻兩幅。據村民所告，此等遊戲於二十世紀五六十年代時十分流行，惜近年已漸被遺忘。

這些棋盤石刻的年代或距今不甚久遠，香港境內相信仍有不少，有待發現。

### 民間傳統之石子棋遊戲

#### 「四頂棋」

「四頂棋」又稱「六頂棋」。下棋之法甚為簡單：兩人先尋地方蹲下，在地上畫一簡單正方形，再由兩橫線及兩直線分割成九個小方格，形如習字所用之九宮格，作為「棋盤」，樣子類似圍棋，但只有四橫四豎的八條線。然後，每人找四個（或三個）

「棋子」，棋子可以是小石子、小瓦片、小磚頭、橙皮或汽水樽蓋等，只要能分辨兩人的棋子就行。

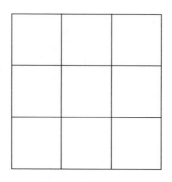

「四頂棋」棋盤

　　開戰之初，雙方的棋子擺在各自眼前邊界的四個交點上，「棋子」只能在格子線的交點上走，每人每次只能走一格。如果一人有兩個棋子正好與對方之一個棋子在同一條線上，而中間沒有空格，則這兩個棋子便能吃掉對方的一個棋子。最後，誰最先被吃至僅剩一棋子，誰就是輸家。這「二吃一」的規則，就是所謂的「頂」。又因為棋盤是由縱橫各四條線組成，故稱「四頂」。

### 「三棋」

　　「三棋」，又稱「走三」，亦稱「捉三棋」。下棋之法：兩人先尋地方蹲下，在地上畫一「棋盤」，由三個同心正方形組成，一個套着一個，對邊平行，再畫直線連接正方形的四角，四條直

線連接三個正方形之十二個角，一條線連接三個角。又在四方形之四條邊上，各作一條中線，將三個正方形連接。每條線段均有三個交叉點，共有二十四個交叉點，又稱二十四個「站」。每個站放一粒棋子，雙方各有十二粒棋子。棋子可以是小石子、小瓦片、小磚頭、橙皮或汽水樽蓋等，兩人的棋子能分辨就行。

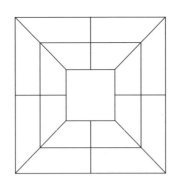

「三棋」棋盤

雙方先要「下子」，以猜拳決定出手先後。比方說甲先任意往一站下一棋子，乙也跟着下一棋子。雙方只望在同一條直線上擺夠三粒棋子，形成「三」。一旦形成「三」，就可以用備用棋子蓋住棋盤上對方任何一粒棋子，稱為「蓋子」，以示將其吃掉，待雙方下完棋子後，一併取去。

「成三」決定了雙方的成敗，因此，棋手在下棋子時，一方面要「成三」，另一方面又要阻止對方「成三」。方法有兩種，一是直接下棋子堵塞或隔開對方，一是己方通過「成三」「蓋子」

吃掉對方棋子。有時，棋手眼看就能「成三」，關鍵的棋子卻被蓋掉。要擺脫對手圍追堵截，往往便要在棋盤的十字交叉處佈子，方有成功的可能。

雙方十二粒棋子下完後，棋盤上二十四個站皆有棋子，無一落空。雙方將「蓋子」從棋盤上取下，於是便有空位，棋子便可走動。雙方的棋子每着只能走一步。下棋子時力求「成三」，一旦「成三」，而中間沒有空格，便可以將對方一棋子吃掉，從棋盤上取下。此外亦可以「一吃三」：即一個棋子可移到已經排在一起的三個棋子的頭上，將三個棋子吃掉。

吃棋子也大有講究——盡量將對方要害部位的棋子吃掉，以使其一時無法「成三」。而一方即使一時不能「成三」，也要將要害部位堵死，防止對方「成三」。從理論上說，只要手上還有三粒棋子，便仍有一搏取勝的可能。

「走三」的高明境界是巧妙地形成「連環三」。比方說，四粒棋子分佈在兩條線段跟其中兩個正方形的交叉點上，而另一粒棋子在線段跟另一個正方形的交叉點上，它就這樣左右來回或上下移動，均能「成三」，不停地吃掉敵人，讓對方連連叫苦，無計可施，最終只能認輸。倘若雙方均佈成「連環三」，那可真是棋逢對手了。最後，誰最先被吃至僅剩一粒棋子，誰就是輸家。

### 「走翻棋」

「走翻棋」中的「翻」意為「跨越」或「吃掉」。該遊戲

石頭上的香港史

二十世紀七八十年代廣泛流行於嶺南地區，與「四頂」及「走三」同為最受歡迎的石子棋。

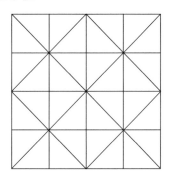

「走翻棋」棋盤

棋盤的基本圖案由大花「米」和小花「十」構成。對弈兩人先畫一正方形，方格內縱橫各畫三條直線，將正方形劃分為十六個均等小方格，接着在四大角上畫兩條對角線，然後再畫四條線段，聯結每條邊線之中點，在在外正方形中構成一個內正方形。雙方各十粒棋子，棋子可以是小石子、小瓦片、小磚頭、橙皮或汽水樽蓋等，兩人的棋子能分辨就行。

雙方棋子一字排開，棋盤上的空位便寥寥無幾，棋子每行出一步，都可能被對方吃掉，但又不允許按兵不動。每步只能移動一站。如果前面一站為對方的棋子，而該棋子後面又有一個空站，便可翻越到該空站上去，並一次吃掉對方在同一條直線上的所有棋子，不管其數量多寡。惟每次只能吃同一直線上的棋子，不可拐彎抹角。

下棋時，己方棋子力求避免走入對方「射程」之內。而吃對方棋子時，務要防備對手設下的陷阱——明裏讓你吃掉一棋子，實則是誘敵深入，讓你付出代價。高明的棋手可以一口吃掉對方三粒棋子。三棋子幾佔總數的三分之一，若一次失去三棋子，頹勢已現，恐取勝無望。

可惜此種民間傳統遊戲今已漸被遺忘。

※ 界石篇

CHAPTER 04

### 大嶼山梅窩涌口之李府食邑稅山界石

1955 年，人們於香港大嶼山梅窩涌口處發現一界石，石碑呈四方形柱體狀，高約兩呎，頂部刻「李府」二字，石身四面皆刻「食邑稅山」字樣，惟石上無年份或年號。1981 年冬，在島上東北部萬角咀處亦發現一界石，上刻文字與前者相同。

清康熙《新安縣志》載：

> 大奚山，在縣南一百餘里，一名大漁山，為急水、佛堂二門之障，有三十六嶼，周迴二百餘里。有異鳥，見則風生，山下有村十餘，多鹽田，宋以為李文簡食邑，今仍之。

石頭上的香港史

另據清嘉慶《新安縣志》載：

> 大奚山，一名大嶼山，在縣南百餘里。有異鳥，見
> 則大風生。山中村落多鹽田。宋以為李文簡食采，今
> 仍之。

考李文簡即李昂英。據此兩志籍所載，石碑乃南宋名臣李昂
英之食邑封地界石。食邑、食采者，皆古代朝廷賜予臣子徵稅之
地。可證界石早在十一世紀中葉（南宋間）已豎立於此。

李昂英（1201－1257），字俊明，號文溪，廣東番禺人，生
於南宋嘉泰元年（1201）。嘉定十五年（1222）以春秋中解元，
理宗寶慶二年（1226）中探花，繼入仕途，授汀州推官。端平三
年（1236）被詔為太學博士，嘉熙二年（1238）升秘書郎，負責
管理圖書收藏及抄寫，兼沂王府教授。同年出任福建建寧憲倉
提舉，主管茶、鹽產銷及監察工作，後藉父喪引退。淳祐六年
（1246）再次出仕，任右正言，兼侍講。淳祐十二年（1252）遷
江西提刑，兼任贛州知州。寶祐二年（1254）授大宗正卿，兼國
史院編修、實錄院檢討、翰林侍講學士，官至龍圖閣待制、吏
部侍郎，加中大夫，封番禺開國男，賜食邑三百戶。寶祐三年
（1255）斥宦官董宋臣專權，後告老還鄉，晚年居廣州文溪。其
後宋理宗邀其再仕，不應。理宗遂御書「久遠」堂匾賜之。寶祐
五年（1257）八月卒，年五十六，謚忠簡。

其時，番禺與大奚山（即今大嶼山）同屬廣州府管轄，或以番禺縣內所撥食邑戶數不足，乃以大奚山益之。觀志書記載及該處發現的界石，可證該處實為南宋李昂英食邑的一部分。

明代時，大嶼山之地仍為李昂英後人所有。明黃衷《李忠簡會城祠復賜田記》中載：

> 宋侍郎李忠簡公……封番禺開國男，凡食七邑，賜田如千頃，新安大奚其一也。迨我疆場吏政龐敞，田沒於豪右……（嘉靖）時鄉豪有私大奚田者，且自實於官。窾吏曰：「官田也，盍鬻諸。」公裔孫潯洲太守翱……進白於王（巡院王德溢）曰：「先世賜田，不忍棄也。」王曰：「義哉！其割百畝以歸祠祭，餘可計值而有耳。」……然稍難於鉅值。

大奚即今之大嶼山，上文可證該地確為李昂英之賜田無疑，至明末時，仍歸其後人所有。

清代，大嶼山田土皆屬李昂英後人宗族李久遠堂之產業。據大嶼山東涌侯王宮內清乾隆四十二年（1777）所立之《大奚山東西姜山主佃兩相和好永遠照納碑》記載：

> 竊大奚山田畝周圍等處，原係李久遠堂祖遺之業。因康熙初年，移界丟荒，招佃李歧遠、鄧佩茂來山開闢……

可見清康熙以前，該處仍為李久遠堂之產業。宋寶祐三年（1255），李昴英辭官歸居文溪之上，因以自號，上嘗賜其御書牌匾，曰久遠，曰文溪，曰嚮陽堂。「李久遠堂」想為其後人之堂號。而文溪則為廣州城內橋名，黃佛頤《廣州城坊志》載：

> 宋李忠簡於會城建有三橋，曰狀元，曰獅子，曰文溪。

同書同卷「長塘」條載：

> 文溪橋，宋李昴英所建，在城內惠愛街八約……李忠簡昴英卜居溪上，自號文溪。

惟橋以公之號為名，抑公以橋之名為號，則無法考究。

大嶼山南部杯澳鹹田張氏所藏清雍正六年（1728）其祖張文昇向李久遠堂佃地批約中載：

> 碧沙陳李宅久遠堂為批照事：祖宋探花，歷官龍圖學士，謚忠簡，食邑祭田坐落大奚山土名杯澳塘塞湖……

嘉慶十一年（1806）張氏祖輩張恭廷向該堂佃地批約中亦載：

發批碧沙陳李久遠堂，有祖宋學士忠簡公食采流祭嘗田，坐落新安縣大奚山，奉督藩憲准詳定，以每畝歲輸租銀伍錢。今佃人張恭廷到祠領出杯澳庄土名沙學背田……

可見其時，杯澳地區亦屬李久遠堂產業。

又島上北部沙螺灣把港古廟內有咸豐二年（1852）之《重修把港古廟碑》。其捐者芳名中，有「少房李久遠堂」及「碧房李久遠堂」。而大澳關帝古廟內有咸豐二年（1852）之《重修武帝古廟碑志》。其捐者中亦有「碧沙陳李久遠堂」芳名，可證其時，李昂英後人仍為大嶼山土地擁有者。

梅窩碼頭小公園內的李府食邑稅山界石

1898年，英人租借新界及離島，大嶼山遂歸香港政府所有。前代所留之文物——李府食邑稅山界石，其一安放於梅窩碼頭巴士總站附近小公園內，供人研究；而萬角咀發現者，則放置於香港歷史博物館內，供人欣賞。

### 佛頭洲「德懷交趾國貢賦遙通」斷碑

佛頭洲又名佛堂洲，土名斧頭洲，古稱碇齒灣，明萬曆《粵大記》之「廣東沿海圖」中稱其為雞母嶼，英文稱 Junk Island，蓋因其為將軍澳（Junk Bay）內一小島。該地位於新界清水灣半島西面田下山對出、將軍澳東南部，鄰近電視廣播城，昔日為一島嶼，島上草木生長茂盛。1994年，政府發展將軍澳新市鎮，於該地進行填海工程，將佛頭洲與清水灣半島連接。現時該地被列為香港綠化地帶，可從將軍澳工業邨步行進入佛頭洲，入口位於貿易發展局展覽營運中心對面，有指示牌顯示入口位置。

島上西岸舊有佛頭洲村，居民皆葉姓，祖籍惠陽淡水沙坑。約於1885年間，葉慶福率族人遷入建村。因發展將軍澳工業邨，政府於該地進行填海工程，連接將軍澳工業區。現時，佛頭洲成為清水灣電視城西面的「小山丘」。

### 佛頭洲稅廠之歷史

佛頭洲位處佛堂門北岸，掌握閩浙與廣東商舶往來孔道，為明清南頭寨佛堂門汛水師巡汛之地，島上設有海關稅廠，徵收稅

鼇。島上的海關稅廠設於何時至今無考，惟據清嘉慶舒懋官《新安縣志》記載：

> 佛堂門……北廟始於宋……廟右曰碇齒灣，古有
> 稅關，今廢，基址猶存。

可見書成之時，古稅關遺址仍可睹。而康熙年間成書的靳文謨《新安縣志》則未有是載。由此可見碇齒灣稅關設於康熙二十七年（1688）之後、嘉慶二十四年（1819）之前。

該稅關被廢之緣由，志書未有載錄，疑與其時社會治安有關：嘉慶初年，該區常受海寇侵擾，官軍多次征剿，惟多失利，至嘉慶十四年（1809）始得平定。想該稅廠因其地多海盜出沒，官府無能保衛，因而放棄。

其後，道光年間，香港周圍隸屬粵海關監督管轄的常關有四：汲水門、九龍城、佛頭洲、長洲。可見嘉慶十四年（1809）後，佛頭洲稅廠經已重設。至光緒十三年（1887）九龍關設立，上述四常關轉歸九龍關轄管。光緒十七年（1891），佛頭洲關廠新公署建成啟用。光緒二十四年（1898），新界及各離島租借與英政府，佛頭洲亦位於租借區內，故關廠亦需關閉他遷。翌年十月四日，佛頭洲稅廠關閉，其工作被新建的沙魚涌及三門關廠取代。島上關廠的房屋則移交英政府接管，其後廢棄。

### 佛頭洲稅廠遺址之發現

1962 年，香港教師朱維德於島上西岸舊佛頭洲村所在地發現殘斷石碑多塊。1979 年，古物古蹟辦事處考察該址，發現由四闋斷碑組成的一塊石碑，上刻大字「德懷交趾國貢賦遙通」，旁刻小字「稅廠值理重修」，附近發現一些石柱、石板及基石。據斷碑之文義，又如 1935 年黃佩佳於其遊記文章中提及：佛頭洲西面小灣白沙如銀，清季曾設關廠，當時已成頹垣斷瓦。可證該遺蹟為清代稅關遺址，惟具體年份未能確認。該關廠原有房屋數間，今只留基石多闋。其旁舊有福德宮（土地廟），惟已殘頹。該處發現的白石香爐，今存香港歷史博物館。稅關遺址於1983 年列為法定古蹟。

### 佛頭洲稅廠石碑顯示的問題

島上發現的石碑，其上大字「德懷交趾國貢賦遙通」，左旁小字「稅廠值理重修」，並無年份可考。惟觀該石呈長條形，其文亦似門聯之下聯，上聯右旁當有重修年份記錄。據現存前清門聯顯示，上聯左首一般寫有該聯刻造年代，下聯右首為送聯者芳名。一般祠宇門前的對聯亦然。

至於「稅廠值理」職銜，清代地方官制無載，故疑為民間官委職位。蓋粵海關主管為監督，下設書吏及巡役，並有親信家人協助。「值理」一職，疑為官方委任的親信家人或地方賢達，代徵稅釐。

該石碑上刻「重修」二字，可見其刻造實為該關廠重建或修葺之故。考該關廠新公署於光緒十七年（1891）落成，故此石碑疑為該新公署建成時刻造石聯中的下聯。

上述各點，全屬推斷，並無典籍文獻可供參考，遺址附近亦無其他文物出土，故其真實歷史有待日後研究。該石碑現存放於香港歷史博物館內，供人欣賞研究。

佛頭洲稅廠遺址

佛頭洲稅廠遺址

### 附錄：佛頭洲上的清代義塚

佛頭洲上發現光緒十二年（1886）建立義塚一處。墓碑右首寫有「佛頭洲釐廠義塚，同治十三年八月風災」字樣。正中內容為：「皇清敕授武信騎尉諱榮高梁公、登仕佐郎諱周楨文公、壹號拖船勇丁康玉基、壹號拖船水勇丁八人之墳墓」。落款為：「光緒十二年季夏穀旦立石」。

同治十三年（1874）農曆八月十二日（西曆 9 月 22 日），香港一帶遭受颱風襲擊，潮水上漲，停泊佛頭洲的船隻被吹翻，

壹號拖船上官弁梁榮高、文周楨，勇丁康玉基及水勇丁八人遇難。事後，官府於光緒十二年在島上山腰設立義塚，悼念死難者。墓主梁榮高獲敕授正七品武信騎尉，文周楨獲敕授從九品登仕佐郎，二人皆獲敕授散官。

清順治初年起，政府規定，凡官員「覃恩及三年考滿」，按品銜高低，皆可獲封贈。故官員只要遇到朝廷慶典便可獲頒發恩詔；任職兩年以上者即可請求封贈，惟只為散官，僅存名號，無固定職事。封贈之制，文職隸屬於吏部，八旗、綠營武職隸屬於兵部。文武官員獲封贈之十八階見後：

佛頭洲上之前清義塚

### 文官封贈之十八階

正一品授光祿大夫，從一品授榮祿大夫；

正二品授資政大夫，從二品授奉政大夫；

正三品授通議大夫，從三品授中議大夫；

正四品授中憲大夫，從四品授朝議大夫；

正五品授奉政大夫，從五品授奉直大夫；

俱授誥命。

正六品授承德郎，從六品授儒林郎（吏員出身者授宣德郎）；

正七品授文林郎（吏員出身者授宣義郎），從七品授徵仕郎；

正八品授修職郎，從八品授修職佐郎；

正九品授登仕郎，從九品授登仕佐郎；

俱授敕命。


### 武官之封贈十八階

正一品授建威將軍，從一品授繼威將軍；

正二品授武顯將軍，從二品授武功將軍；

正三品授武義都尉，從三品授武翼都尉；

正四品授昭武都尉，從四品授宣武都尉；

正五品授武德騎尉，從五品授武德佐騎尉；

正六品授武略騎尉，從六品授武略佐騎尉；

正七品授武信騎尉，從七品授武信佐騎尉；

正八品授奮武校尉，從八品授奮武佐校尉；

正九品授修武校尉，從九品授修武佐校尉。


## 新界租借界碑

### 中英《展拓香港界址專條》

1898 年（光緒二十四年），英國向中國租借新界及各離島。是年 6 月 9 日（農曆四月二十一日），清廷代表李鴻章、許應騤與英人竇納樂（Claude Maxwell MacDonald）於北京訂定《展拓香港界址專條》，全文如後：

> 溯查多年以來，素悉香港一處非展拓界址不足以資保衛。今中、英兩國政府議定大略，按照粘附地圖，展拓英界，作為新租之地。其所定詳細界線，應俟兩國派員勘明後，再行畫定，以九十九年為限期。又議定所有現在九龍城內駐紮之中國官員，仍可在城內各司其事，惟不得與保衛香港之武備有所妨礙。其餘新租之地，專歸英國管轄。至九龍向通新安陸路，中國官民照常行走。又議定仍留附近九龍城原舊馬（碼）頭一區，以便中國兵商各船、渡艇任便來往停泊，且便城內官民任便行走。將來中國建造鐵路至九龍英國管轄之界，臨時商

辦。又議定在所展界內不可將居民迫令遷移，產業入官。若因修建衙署、築造礮臺等官工需用地段，皆應從公給價。自開辦後，遇有兩國交犯之事，仍照中英原約香港章程辦理。查按照粘附地圖，所租與英國之地內有大鵬灣、深圳灣水面。惟議定該兩灣中國兵船無論在局內局外，仍可享用。

此約應自畫押之日起中國五月十三日，即西曆七月初一號開辦施行。其批准文據應在英國京城速行互換。為此，兩國大臣將此專條畫押蓋印，以昭信守。此專條在中國京城繕立漢文四分，英文四分，共八分。

大清國太子太傅 文華殿大學士 一等肅毅伯 李

經筵講官 禮部尚書 許

大英國欽差駐 中華便宜行事大臣 竇

光緒二十四年四月廿一日

西曆一千八百九十八年六月初九日

該專約所附地圖對中英界限僅劃一直線，並未詳細規定。

## 《香港英新租界合同》

1899 年 3 月 19 日（光緒二十五年二月初八日），中英雙方於香港再訂《香港英新租界合同》。文云：

北界始於大鵬灣英國東經線一百一十四度三十分潮漲能到處，由陸地沿岸直至所立木樁，接近沙頭角，即土名桐蕪圩之西，再入內地不遠，至一窄道，左界潮水平線，右界田地，道東立一木樁，此道全歸英界，任兩國人民往來。由此道至桐蕪圩斜角處，又立一木樁，直至目下涸乾之寬河，以河底之中線為界線。河左岸上地方歸中國界，河右岸上地方歸英界。沿河底之線直至逕口村大道，又立一木樁於該河與大道接壤處，此道全歸英界，任兩國人民往來。此道上至一崎嶇山徑，橫跨該河，復重跨該河，折返該河，水面不拘歸英歸華，兩國人民均可享用。此道經過山峽，約較海平線高五百英尺，為沙頭角、深圳村分界之線，此處復立一木樁，此道由山峽起即為英界之界線，歸英國管轄，仍准兩國人民往來。此道下至山峽右邊，道左有一水路，達至逕肚村，在山峽之麓，此道跨一水路，較前略大，水由梧桐山流出，約距百碼，復跨該水路，右經逕肚村抵深圳河，約距逕肚村一英里之四份一，及至此處，此道歸入英界，仍准兩國人民往來。由梧桐山流出水路之水，兩國農人均可享用。復立木樁於此道盡處作為界線。沿深圳河北岸下至深圳灣界線之南，河地均歸英界，其東、西、南三面界線，均如專約所載。大嶼山島全歸界內。大鵬、深圳兩灣之水，亦歸租界之內。

光緒二十五年二月初八日 王委員存善 押

一千八百九十九年三月十九日　駱輔政司 押

見證人　蔡毓山　祺威

### 勘界及立碑

陸地勘界自 1899 年 3 月 16 日至 18 日進行，這一階段，中英兩國依據《專條》對新界北部陸地界限進行了勘查。3 月 16 日，廣東補用道王存善會同香港輔政司駱克（James Haldane Stewart Lockhart）及隨行人員，出發勘定自深圳河源頭到沙頭角西邊大鵬灣的界限，沿線豎立木界樁，樁上書寫「大清國新安縣界」字樣。3 月 18 日，新界北部陸界勘界完成。

1905 年，這些木質界樁被港府工務局換作石質界碑。這些石質界碑兩側陰刻有中英文字。中文字朝向中方，刻文為「光緒二十四年，中英地界，第□號」；英文字朝向英方，刻文為「ANGLO-CHINESE BOUNDARY, 1898, No. □」。

1902 年，英國海軍會同清朝海軍，對新界所屬海域進行勘測，並於接近界限的陸地上豎立邊界碑石。

### 中英立碑產生的問題

據專約所附地圖：新界北界為北緯 22 度 9 分；東界為東經 114 度 30 分；西界為東經 113 度 52 分。因大嶼山西端一角位置

超出東經 113 度 52 分以外，故特作「大嶼山全歸界內」之聲明。

《合同》簽字後，港英當局藉口內容中有「潮漲能到處」數字，經常派船闖入大鵬、深圳兩灣自北面入海各河流的河口，甚而遠及各內河沿岸的一些村莊，詭稱此等地方為「潮漲能到」之處，英方「有權」前往。為此，清政府和港英當局屢次發生爭執。1901 年 5 月 31 日，英國駐廣州總領事司格達（Benjamin C. G. Scott）才按照時任港督卜力（Sir Hery Arthur Blake）的意見，照會兩廣總督陶模，謂：

> 新租界水面英國之權至何處一事，現准香港總督來文，內開，本港政府並不以為英權可至流入海灣之河港與流入租界深圳河之河港，但可至各海灣水盡見岸之處與深圳河全河至北岸之處。至於流入各海灣及流入租界深圳河之各河港，本港政府甚願於各該河港口，由此岸水盡見岸之處，至對岸水盡見岸之處，劃一界線，為英國權所至之止境等因。本總領事查香港總督文內有「深圳全河至北岸」一語，自是指租界內之深圳河至陸界相接之處為止。

對此，陶模咨文總理衙門稱：

> 香港總督謂英權不能至流入海灣之河港與流入租界

內深圳河之河港，尚屬公允。惟謂各海灣潮漲能到之處與深圳全河至北岸潮漲之處為英權所可至，語頗寬泛，易滋誤會。嗣後新租界各海灣與華界毗連者，應以沿灣水盡見岸之處為界。其劃歸租界內之深圳河，則仍照王道（即王存善）所訂合約，以北岸為界。所有大鵬、深圳兩灣及租界內之深圳河毗連各河港，俱以口門左右兩岸相對直線為界。

與此同時，陶模將此意照覆轉致英方。

這樣，雙方通過交換照會，將新界大鵬、深圳兩灣及與深圳河毗連各河港，俱定以「水盡見岸處」及「口門兩岸相對直線」為界。多年糾葛，至此始得合理解決。

### 沙頭角中英街之中英界石

據《香港英新租界合同》顯示，第一號界碑位於接近沙頭角（俗名桐蕪墟或東和墟）之西、沙欄下村的西側。二號界碑位左界深圳河潮水平線、右界沙欄下村田地之位置。六號界碑位中英街丁字路橫頭街一帶。十號界碑位深圳河底線直至逕口村大道接壤處，即今中英街關外逕口村處。十一號界碑位沙頭角與深圳村分界之處，即今天羅沙盤山公路最高處伯公坳。十二號界碑位於由梧桐山流出水路的水盡處。另據逕肚村附近值勤邊防戰士提供的線索，其人曾在逕肚村五畝地巡邏時看到過十三號界碑，惜今

石頭上的香港史

已不知去向。

2000 年 2 月 21 日，中英街歷史博物館人員會同深圳晚報、廣東省公安邊防六支隊邊境科及香港邊境聯絡官，沿深港邊境進行「尋訪界碑」活動，目的是了解沙頭角深港邊境中英界碑的準確位置及數量。經對每塊界碑進行拍照和測量，確定中英街上共有界碑八塊，一號界碑至七號界碑的距離是 429.11 米，第八號界碑在河上。九號界碑和十號界碑位於沙頭角逕口村範圍內。十一號界碑位於伯公坳。惜位於逕肚道路盡頭者未有尋獲。

如今，一號界碑至七號界碑仍置中英街上，供人遊賞。

### 1902 年設立之中英界碑

大嶼山西部至今仍存中英分界石碑兩方：一方位於大澳寶珠潭對開一座小山上；另一方位石壁水塘以西的九嶺涌上。而深圳大鵬西沖大鹿灣山崖上，亦有中英分界石碑一支。

三碑皆立於 1902 年，以中英兩文刻示。惟文字皆謂提及「潮漲處」，可見實刻於中英雙方照會之前，其豎立當未獲中方同意。又大鵬西沖大鹿灣之界碑，其英文碑文載，該碑「豎立於高四百五十呎處」（PLACED 450 FEET ABOVE H. W. MARK），惟中文碑文只誌「高出潮漲處□丈□尺」（□處空缺），可見當時中方並未協助測算高度。

一、大鵬西沖大鹿灣黑岩角 1902 年中英界碑

該界碑呈石筆形，頂尖，基座為方形石塊，長闊皆約 65 厘米，尖頂及基座分開倒臥原位置山下。石筆上無文字，基座三面上刻有中英文字，中文碑文直書陰刻，由右向左排行，英文碑文亦為陰刻。內容如下：

1902

THIS STONE IS IN LONGITUDE 114° 30'0" E FIXED BY LIEUT. AND COM^R. F. M. LEAKE R.N. AND THE OFFICERS OF H. M. S BRAMBLE.

FROM HERE THE BOUNDARY LINE EXTENDS DUE SOUTH UNTIL IT MEETS THE PARALLEL OF 22° 9'0" N NORTHWARD THE BOUNDARY FOLLOWS THE SOUTH SHORE OF MIRS BAY.

此界石安豎在美士灣之東岸地嘴高出潮漲處□丈□尺免漫潷也即東經線壹百壹拾肆度叁拾分自此界石正南潮漲處起點西向南至與北緯線貳拾貳度九分會合處向北沿美士灣一帶海岸大英一千九百二年管帶霸林保兵艦水師總兵官力會同本艦員弁等勘明界址共立此界石

THIS STONE IS PLACED 45 FEET ABOVE H. W. MARK FOR THE PUROSE OF PROTECTING IT FROM POSSIBLE INROADS OF THE SEA.

石頭上的香港史

## 二、大嶼山大澳寶珠潭畔三八山頭的 1902 年中英界碑

該界碑呈石筆形，頂尖，基座為方形石塊，長闊皆約 65 厘米，基座三面刻有文字。中文碑文直書陰刻，由右向左排行，英文碑文亦為陰刻。內容如下：

1902

THIS STONE IS IN LONGITUDE 113° 25'0"E, FIXED BY LIEUT. AND COM$^R$. F. M. LEAKE R. N. AND THE OFFICERS OF H.M.S. BRAMBLE.

FROM HERE THE BOUNDARY LINE EXTENDS DUE NORTH UNTIL IT MEETS THE PARALLEL OF THE SOUTHERN EXTREMITY OF THE NAM-TAU PENINSULA. SOUTHWARD THE BOUNDARY FOLLOWS THE WESTERN SHORE OF LANTAO ISLAND.

此界石安豎在大嶼山北方即東經線壹百壹拾叁度五拾貳分自此界石至北潮漲處起點沿大嶼山西便一帶海岸自北直至南頭防地南角盡處之平線大英一千九百二年管帶霸林保兵艦水師總兵官力會同本艦員弁等勘明界址共立此界石

THIS STONE IS PLACED 38 FEET ABOVE H. W. MARK FOR THE PUROSE OF PROTECTING IT

FROM POSSIBLE INROADS OF THE SEA.

## 三、大嶼山石壁狗嶺涌山崖上的 1902 年中英界碑

大澳寶珠潭對開小山上中英分界石碑

該界碑呈石筆形，頂尖，基座為方形石塊，長闊皆約 65 厘米，基座三面刻有文字。中文碑文直書陰刻，由右向左排行，英文碑文亦為陰刻。內容如下：

1902

THIS STONE IS IN LONGITUDE 113° 52'0"E, FIXED BY LIEUT. AND COM[R]. F. M. LEAKE R. N. AND THE OFFICERS OF H. M. S BRAMBLE.

FROM HERE THE BOUNDARY FOLLOWS THE WESTTERN SHORE OF LANTAO ISLAND UNTIL IT MEETS A SIMILAR STONE ERECTED IN THE SAME LONGITUDE ON THE NORTH SIDE OF THE ISLAND. SOUTHWARD THE BOUNDARY EXTENDS TO THE PARALLEL OF 22° 9'0"N.

此界石安豎在大嶼山南方即東經線壹百壹拾叁度五拾貳分自此界石正南潮漲處起點沿大嶼山西便一帶海岸直至北緯線貳拾貳度九分大英一千九百二年管帶霸林保兵艦水師總兵官力會同本艦員弁等勘明界址共立此界石

THIS STONE IS PLACED 200 FEET ABOVE H. W. MARK FOR THE PUROSE OF PROTECTING IT FROM POSSIBLE INROADS OF THE SEA.

群帶路里程牌

## 香港島上的「裙帶路」

「裙帶路」，亦稱「裙大路」、「群帶路」或「群大路」，為前清香港島北岸地區土名。英人稱之「Kwan Tai Lo」，亦稱「Victoria」，所指者為開埠初期所建造之維多利亞城（Victoria City），即今中區一帶。

早在清乾隆年間，「裙帶路」一名已為土人所引用：錦田鄧氏所收藏光緒二十年（1894）重修之道光二十二年（1842）布政糧導廣府新安呈文內稱其先祖鄧春魁，於「乾隆二十六年（1761），買受坐落新安土名黃泥涌、群大路、上渡、大石下、叉坑、咸圍等處，下稅六十二畝」。該總呈又載，道光二十二年（1842）鄧致祥、鄧際昌、鄧沛然等呈廣東布政司文云：「……又土名黃泥涌……等處，稅在東莞，各有糧冊炳據，以上各土名，總香港山群大路前後左右內，批佃戶彭信有、周亞有等耕輸。」據此，可證「群大路」一名於清乾隆間已存在，且見用於官方之稅糧冊錄。

「群大路」，土人多稱之「群帶路」，其得名之來由有二說。其一：故老相傳，前清時，香港全島皆山，自雍、乾間闢農田後，農民除墾田耕作外，亦登山割草斬柴用作燃料。山麓上供割草的小路，自對岸望之，上下縱橫，極似衣裙之裙帶，因名。其二：英水兵初抵香港島時於島南部之赤柱登陸，由當地蛋民名陳群者引帶前行，經香港村、薄扶林，至本島北部中區一帶。其

後，英人遂以該路為陳群所引帶而名之曰「群帶路」。觀「群帶路」一名早在英人抵港之前已為土人所用，想其得名當較英人抵港及陳群帶路為早，故前說較合理。

至於「群帶路」之所在，乾隆間未見指明，只知位於香港島之北。惟至道光年間，其所在地經已劃定，據同治年間毛鴻賓《廣東圖說》中「新安縣圖」載：

> 縣東南海中，有香港島，在九龍尖沙嘴之南，中隔一港，故名。一名群帶路。東為鯉魚門；西北為急水門；南為南丫山；西南為青洲山；又西為交椅山；又西南為外零丁山；又南為一門、二門、三門，中有燈籠洲、仰船洲，水深不測，最為險隘。舊有居民數十戶。東有紅香爐汛；東南有赤柱汛、兩灣汛。道光中，嘆咭唎國人居之，分群帶路為上環、中環、下環，建造外國礮臺，市廛商賈輻輳，遂為中外總市埠。海舶往來，必寄椗於此。

1949 年，香港華僑日報編印的《香港年鑑》第二回中卷載：

> 上環從威靈頓西邊盡處起到國家醫院止；中環從馬利操場起，到威靈頓街西邊盡處止；下環從灣仔起，至軍器廠止。可見群帶路位今香港島之北岸，東起灣仔，

包括中環，西至西環止。1841 年 5 月 15 日英人在香港島上所作之戶口統計，中載群大路為一漁村，共有 50 人居住。

## 群帶路里程碑

自港島英屬後，英人自石排灣至中區維多利亞城，又自赤柱至中區維多利亞城間開築大路。1846 年，香港政府沿舊群帶路修築連接維多利亞城至赤柱及香港仔的道路，沿途豎立尖頂長條形里程路碑。有關上述兩馬路之位置及各里程碑石之位置，1895 年英國皇家工兵部隊中尉哥連臣（Thomas Bernard Collinson）所繪製之香港地圖修訂本記錄甚詳。石排灣至維多利亞城之間，立有里程碑五條，碑朝向石排灣一面上刻華文「石排灣□里」、英文「ABERDEEN □ MILES」；朝向中區一面上刻華文「群帶路□里」、英文「VICTORIA □ MILES」。而赤柱至維多利亞城間共立里程碑八條，面向赤柱的一面上刻華文「赤柱□里」、英文「STANLEY □ MILES」；向中區的一面上刻華文「群帶路□里」、英文「VICTORIA □ MILES」。

## 群帶路里程碑遺蹟

先師羅香林教授曾告知，早年在瑪利醫院與薄扶林牛奶公司飲冰室之間仍可見一群帶路里程碑，且曾拍照存檔。又薄扶林村中一房屋牆腳，亦有群帶路里程碑。佘義（Geoffrey Robley

Sayer）於其書 *Hong Kong 1842–1826: Birth, Adolescence and Coming of Age* 中謂：「1937 年時，自中環至赤柱途中，其第三及第四群帶路里程碑仍存；又自中環至香港仔公路旁，沿途仍豎有第二、第三、第四及第五多條群帶路里程碑。」

1967 年 3 月，刻有群帶路三字的花崗石里程碑在石排灣道某石屋後山被發現，碑約高 1 米，尖頂，面向中區的一面刻有英文「VICTORIA 5 MILES」及中文翻譯「群帶路十八里」；朝石排灣的一面則刻有英文「ABERDEEN 1 MILE」及中文翻譯「石排灣二里」，現時該石碑被收藏於香港歷史博物館。

此外，許舒博士（Dr. James William Hayes）於《皇家亞洲協會香港分會會報》（*Journal of the Hong Kong Branch of the Royal Asiatic Society*）第七期中謂：「1967 年時，除大潭上水塘至赤柱之一段舊公路旁，有一群帶路里程碑仍存外，據薄扶林村村民湯佳先生所告：其石屋之牆基下，有一群帶路里程碑，但惜該碑大部分仍為屋基所蓋，另餘約三分之一露於牆外。」惜所提及之所在地今已發展，面目全非。碑石或被湮沒，或遭損毀，或已不知去向。

香港政府亦於大潭道靠近大潭水塘郊野公園的位置發現另外一塊里程碑，該石碑保留在原址，供人遊觀賞。1990 年代初筆者，於石澳紅山道路口發現群帶路里程碑一塊，該碑一面上刻華文「赤柱七里」、英文「STANLEY 2 MILES」，另一面則刻華文「群帶路二十五里」、英文「VICTORIA 7 MILES」，該碑已為香

港工務局人員移去收藏。

　此等里程碑可助證明，香港英屬後，群帶路即維多利亞城，即今之中上環，為官方所定之地區名稱，而非俗傳自石排灣至中區的馬路名稱。1842年香港英屬後，該名始被定為官方地名，且獲其英文官方名稱Victoria。至群大路地名起源於何時、其得名之由來、陳群帶路之傳說等問題，今已難考，留待來日研究。

大潭水塘郊野公園內的群帶路里程碑

維多利亞城界石

**開埠初期香港島的情況**

1841 年香港島英屬後，港府舉行首次戶口統計，於是年 5 月 15 日的憲報公佈首次戶口統計結果，其時人口分佈如後：

| 地名 | 聚落 | 人口 |
| --- | --- | --- |
| 赤柱 | 市鎮 | 二千人 |
| 香港 | 漁村 | 二百人 |
| 黃泥涌 | 農村 | 三百人 |
| （亞）公岩 | 石礦場，窮村 | 二百人 |
| 石澳 | 石礦場，窮村 | 一百五十人 |
| 筲箕灣 | 石礦場，大村 | 一千二百人 |
| 大石下 | 石礦場，小村 | 二十人 |
| 群大路 | 漁村 | 五十人 |
| 掃桿埔 | 小村 | 十人 |
| 紅香爐 | 小村 | 五十人 |
| 西 ( 柴 ) 灣 | 小村 | 三十人 |
| 大浪 | 小漁村 | 五人 |
| 土地灣 | 石礦場，小村 | 六十人 |
| 大潭 | 小村，近大潭灣 | 二十人 |
| 索罟灣 | 小村 | 三十人 |
| 石塘咀 | 石礦場，小村 | 二十五人 |

| 舂坎 | 荒廢漁村 | 無人 |
|------|----------|------|
| 清水灣 | 荒廢漁村 | 無人 |
| 深水灣 | 荒廢漁村 | 無人 |
| 石排 | 荒廢漁村 | 無人 |
| 合共： | | 四千三百五十人 |
| 市集商戶 | | 八百人 |
| 艇戶 | | 二千人 |
| 來自九龍的勞工 | | 三百人 |

　　當時全港人口合共七千四百五十人。

　　其時，香港島上長住人口不多，只有四千三百五十人，且未有城市規劃，故未有區域劃分。北岸今中西區之地，則只有群大路一小村，人口五十人。從中可見今人常謂「1842 年前的香港只是一條小漁村」之說實誤。其後，1842 年砵甸乍地圖、1843 年戈登地圖及 1856 年香港維多利亞城規劃圖皆未顯示區域劃分。

### 維多利亞城之創設

　　自香港開埠，從九龍及鄰近地區來港島貿易者日增。1842 年中環街市開設，1844 年上環街市開設，兩街市皆只是簡陋市場，由香港商人向政府承租經營。1851 年，洪秀全等於廣西起義，建立太平天國，至 1864 年始為清廷平定。因戰爭關係，國

　　　　　　　　　　　　　　　　　　　　　石頭上的香港史

內人士多南遷避亂，其中部分遷入香港，加以其時香港社會安定，政府正發展島上北岸、建維多利亞城都會，故十九世紀五十年代香港人口大增。

1857 年 5 月 9 日的香港憲報記載，政府首次將港島劃分區域（Districts），詳情如後：

（1）維多利亞城：西角（即今之西環）至東角（今銅鑼灣）天后廟。

（2）筲箕灣：東角天后廟至餓人灣（今筲箕灣）

（3）西灣（今柴灣）

（4）石澳（包括鶴咀）

（5）大潭督

（6）赤柱：包括大潭、KA SEW WAN（疑為家小環村）、黃麻角

（7）香港（今石排灣一帶）

（8）香港仔（包括鴨脷洲）

（9）薄扶林

同時亦將維多利亞城一區再劃分為七「約」（Sub-districts）：

第一約：西營盤 SAI YING POON

第二約：上環 SHEUNG WAN

第三約：太平山 TAI PING SHAN

第四約：中環 CHOONG WAN

第五約：下環 HA WAN

第六約：黃泥涌 WONG NEI CHUNG

第七約：掃桿埔 SOO KWAN POO

由此可見，港島北岸最初只劃分為七約，而上、中、下三環，則為其中三約之名稱，而非維多利亞城之外的區域，當時還未有「西環」地區。

1881 年，維多利亞城重新規劃。據 1881 年「香港維多利亞城城市規劃圖」載，該區共分為九約：

第一約：石塘咀 SHEK TONG TSUI

第二約：西營盤 SAI YING POON

第三約：上環 SHEUNG WAN

第四約：太平山 TAI PING SHAN

第五約：中環 CHOONG WAN

第六約：下環 HA WAN

第七約：灣仔 WAN CHAI

第八約：寶靈頓 BOWRINGTON

第九約：掃桿埔 SOO KWAN POO

其時，因人口日增，維多利亞城需加發展，遂於西面沿海地帶發展石塘咀為一約，又於下環約（今金鐘地區）與黃泥涌約間新增灣仔約，共成九約。整個十九世紀都未出現「西環」之名。上述規劃至二十世紀初仍保留。

## 二十世紀初維多利亞城之擴展

1900 年香港維多利亞城規劃圖中，北岸所用地名自西至東為：

堅尼地城 KENNEDY TOWN

西角（灣）WEST POINT：西海堤 PRAYA WEST

上環 SHEUNG WAN：鐵行輪船公司貨倉 P&O WHARF

中環 CHOONG WAN：中海堤 PRAYA CENTRAL

下環 HA WAN：海軍船塢 NAVAL YARD

灣仔 WAN CHAI：東海堤 PRAYA EAST

東角 EAST POINT：寶靈頓 BOWRINGTON

高士威（銅鑼）灣 CAUSEWAY BAY

北角 NORTH POINT

該規劃圖中並沒有以「約」作分區，圖中將石塘咀約改稱堅尼地城，西營盤約改稱西角（環），太平山約併入上環，掃桿埔約改稱高士威（銅鑼）灣，另新增北角一區。其時，因國內政局不定，國內人士多避居香港，故發展出堅尼地城及北角兩區。

其時，舊日規劃分區制度仍見運用，1917 年的維多利亞城城市規劃圖仍沿用「九約」分區制度，惟名稱略異，各約名稱如後：

第一約：堅尼地城 KENNEDY TOWN

第二約：石塘咀 SHEK TONG TSUI

第三約：西營盤 SAI YING POON

第四約：太平山 TAI PING SHAN

第五約：上環 SHEUNG WAN

第六約：中環 CHOONG WAN

第七約：下環 HA WAN

第八約：灣仔 WAN CHAI

第九約：寶靈頓 ( 鵝頸 )BOWRINGTON

此後 1920 年、1922 年及 1928 年的維多利亞城城市規劃圖中所繪錄者皆相同。

## 維多利亞城界石

1903 年，政府在憲報頒佈法令，並豎立多塊界石以標明維多利亞城範圍。各界石高約 1 米，頂部呈錐形，上刻「City Boundary 1903」字樣。因市區擴展，其中一些界碑已毀或被遷移，當時設立界碑的數目及具體位置已難考究。

現存界碑六塊，分別在：

1. 堅尼地城域多利道以北、西寧街堅尼地城臨時遊樂場內；

2. 克頓道山邊；

3. 薄扶林道以南、摩星嶺道行人隧道入口；

4. 寶雲道近司徒拔道；

5. 舊山頂道近地利根德徑山邊；

6. 黃泥涌道聖保祿學校對面行人路。

馬已仙峽道 17 號附近原有一塊，2007 年已被移走。

堅尼地城西寧街以北堅尼地城臨時遊
樂場內

克頓道山邊

薄扶林道近摩星嶺道行人隧道入口

舊山頂道與地利根德里交界處

寶雲道離司徒拔道交匯處　　　跑馬地黃泥涌道
　　　　　　　　　　　　　　　聖保祿天主教小學對面

### 長洲南部山頂區界石

　　長洲（Cheung Chau）位於大嶼山東南方，屬連島沙洲，因
狀似啞鈴，故有啞鈴島（Dumbbell Island）之別稱。根據考古出
土文物及在 1970 年所發現的石刻，可推斷三千年前，該地已有
先民居停。明朝時該地已為漁船集散地。至清乾隆時，長洲已發
展成為墟市。

　　二十世紀初，香港政府為將長洲南部山頂區域發展為西方人
的高尚住宅區，於 1919 年發出「ORDNANCE NO. 14 OF 1919」
法令，規定在長洲南部建屋居住者，須向政府申請，以劃清華洋
界線。政府在由西南端鱙魚灣延展至中部東灣長洲醫院的界線上
豎立了十五塊界石（BOUNDARY STONE B. S.）。至 1938 年，

　　　　　　　　　　　　　　　　　　　石頭上的香港史

已有三十六座房屋在長洲南部落成，戶主均為外籍人士。為使當地居民得知界限範圍，政府在界線上豎立十五塊界石，作為標記。

界石以花崗岩鑿成，為正方柱體，尖頂，高約半米，上刻「B.S. NO. □ ORD^{CE} NO. 14 1919」字樣。界石上之文字本漆成紅色，但因年代久遠，顏色已經脫落。二戰後，該法例取消，加以長洲人口增加，島南興建大量房屋，部分界石埋沒於地底，或被草叢遮蔽，更有部分不知所終。

當年在長洲中部豎立的十五塊界石，至今只尋找到十二塊：

No.1 界石相傳位於鯆魚灣岸邊、西園農莊附近，現下落不明。

No.2 界石現立於山頂道西、自助美經援村 60 號旁之泥坡上。

No.3 界石位於西灣路近滿瑜居上方、長洲墳場範圍內密林之中。

No.4 界石位於長洲火葬場以北、長洲墳場範圍內主路旁。

No.5 界石立於 No.4 界石以東約百米的通道上。

No.6 界石位於長洲墳場往圓桌第三村山徑旁山坡叢林中。

No.7 界石位於信義村 61 號對面民居花圃內。

No.8 界石估計位於風帆徑海景台 A&B 座東面一帶範圍，今下落不明。

No.9 界石位於雅寧苑及豪澤閣以西村屋 1 號旁。

No.10 界石估計位於大石口區長洲堂錦江小學以西一帶範圍，現址為住宅區，實際下落不明。

No.11 界石位於半山路民居內。

No.12 界石估計位於喜士路上，現址為 7 號單位前平台，實際下落不明。

No.13 界石現立山頂道怡園側大樹下。

No.14 界石現立長洲醫院內廚房門口走廊。

No.15 界石估計位於長洲醫院後海旁，今下落不明。

No. 4界石

No.13界石

### 舊總督山頂別墅界石

舊總督山頂別墅前身為建於 1862 年的英軍療養院。1867 年，香港總督麥當奴（Sir Richard Graves MacDonnell）向英國軍

隊購買，改建成避暑之小木屋。1874 年，小木屋被颱風吹塌，重建後，於次年被白蟻侵蝕，其後小屋遂荒廢。

1892 年，總督羅便臣（Sir William Robinson）委託工務局局長谷柏（Francis Cooper）設計新別墅。然而 1894 年鼠疫爆發，計劃一度暫停。1900 年，總督卜力委託建築商公和洋行重新設計新別墅，由生利建築（SANG LEE CONSTRUCTION）建造，於 1902 年建成。此棟別墅當時被形容為「山頂最宏偉最美觀的建築物」。

別墅仿照蘇格蘭大宅的維多利亞式建築風格興建，以花崗岩作為建築材料，佔地約 1,000 平方米，樓高兩層。入口處建有守衛室，屬文藝復興式建築設計，佔地約 100 平方呎，為單層建築。

因別墅位於香港島太平山柯士甸山道海拔 500 米處的分界路段，交通不便，因此歷屆總督甚少到別墅避暑。1934 年，總督貝璐（Sir William Peel）於粉嶺另建新港督別墅（Fanling Lodge）。第二次世界大戰期間，舊總督山頂別墅飽受破壞。由於修葺費高昂，別墅於 1946 年被拆除，只餘花崗岩基石兩塊及守衛室。別墅原址於 1950 年代改建為山頂公園，1970 年代加設涼亭。其守衛室則至今未向遊客開放。

1977 年 10 月，古物古蹟辦事處先後在柯士甸山道及夏力道尋回方形別墅界石兩塊，上刻「GOVERNOR'S RESIDENCE」字樣。1978 年 6 月 23 日，兩塊界石分別被移置山頂公園近同樂

徑草坪及今禮賓府門外路邊花槽，以見證香港 20 世紀初的歷史
變遷。

山頂公園近同樂徑草坪之界石

今禮賓府門外路邊花槽之界石

### 地段界石

香港的每塊私人土地（地段）都有一個獨立地段編號，登記
在土地註冊處。有關該地段的業權地契等資料，公眾皆可查閱。
為保障私人產業的業權及方便日後進行土地發展管理，英國人在
開埠之初，已引進這一簡單清晰的土地註冊制度。地段編號同時
亦被土地註冊處及地政總署用以識別地段業權。

香港在 1841 年開埠時已有土地拍賣先例，最初拍賣的是中
環沿海土地，故地段編號為「海旁地段 M. L.」（Marine Lot）。「海
旁地段」的地契寫明包括海權，業主可直接使用海岸上落貨物。

1860 年英國佔領九龍後，在拍賣九龍沿海地段時，就將這

石頭上的香港史

些土地稱為「九龍海旁地段 K. M. L.」（Kowloon Marine Lot）。香港近百餘年來不斷填海，海岸線已離原先位置甚遠。早先的港九「海旁地段」今已不近海旁，故香港政府在填海前，需根據填海法例刊登憲報，而「海旁地段」業主可提出反對及要求賠償。

港島郊區地段，例如山頂及南區等地，稱作「郊區建屋地段 R. B. L.」（Rural Building Lot）。位於港島內陸的地段，稱為「內地段 I. L.」（Inland Lot）。發展九龍時，九龍內陸位置之地段就稱為「九龍內地段 K. I. L.」（Kowloon Inland Lot）。及至 1937 年發展新九龍後，位於獅子山以南、界限街以北的土地，則稱為「新九龍內地段 N. K. I. L.」（New Kowloon Inland Lot）。

1898 年，英人租借新界，為登記新界居民的土地擁有情況並取得土地測量資料，以方便進行土地管理，港府於 1899 年至 1902 年間，聘用英軍中的印度測量員，大規模進行土地測量工作。是次土地測量涉及整個新界 41,000 畝（約 166 平方公里）田地及房屋。有關土地被按順序分配「地段編號 Lot No.」並區分為「丈量約份 D. D.」（Demarcation District）。當時全新界共分為 477 區，區內每塊土地都有「丈量約份」及地段編號。

港島及九龍後期新開發區的地段都被冠上地區名稱，例如「香港仔內地段 A. I. L.」（Aberdeen Inland Lot）或「官塘內地段 K. T. I. L.」（Kwun Tong Inland Lot）。新界新市鎮發展區內的地段，則在前面加上新市鎮的名稱，例如「荃灣市鎮地段 T. W. T. L.」（Tsuen Wan Town Lot），或「沙田市鎮地段 S. T. T. L.」（Sha Tin Town Lot）。

部分市區建築物地界旁的地段石碑保留至今，這些石碑只有約半米高，上刻一組英文字母，下有數字編號。英文字母及編號顯示該建築物所在之地段，用以識別該建築物的業權。

長洲內地段石碑

港島內地段1506號地段石碑

### 附錄：軍事用地界石

在多個軍營或軍事用地邊界，也可找到約半米高的小石碑，上面刻有「D. L.」、「W. D.」或「M. O. D.」等字樣及一個數字，代表「軍事用地」（Defence Lot）、「軍部」（War Department）或「國防部」（Ministry of Defence）等。該數字為地段代號，每處軍事用地分別擁有不同的代號，用來標明軍事用地範圍及用途。

### 附綠：問路石

昔日鄉村郊野，先人闢地開村墾耕，互相來往或離村趁墟，必循山徑出入。初闢泥徑，復砌石鋪路，日久成石磴古道。

清嘉慶二十四年（1819）舒懋官《新安縣志》記載本區之古道如下：

黎峒逕：「在縣東六十里，通鹽田、大鵬等地。」此逕位於新界東北，越沙頭角通深圳鹽田、大鵬等地。

錦田徑：「在縣東南錦田村後，通蕉逕汛。」

觀音逕：「在觀音山腰，通林村、大步頭等處。」此逕位置大概位於今林錦公路附近。在白牛石嘉道理農場前大刀屻山逕旁，有 1922 年豎立的「長安橋碑」，說明林村坳古道的重要性。

大步逕：「在縣東六十里，通九龍、烏溪沙等處。」

九龍逕：「在官富山側。」疑即獅子山下之九龍古道。

城門坳：「在六都，通淺灣。」城門坳今稱鉛礦坳。昔日古道由大埔泮涌起，經碗窰、元墩下、打鐵坳、鉛礦坳至城門村，現仍可見當年石砌路徑。打鐵坳觀音宮留有清光緒三十三年（1907）行客捐金修廟的碑記。八十年代初，在碗窰村旁仍豎有往九龍、荃灣之問路石。

如今，港九地區因已發展都市，古道無存，只港島上尚有著名的張保仔古道。惟新界郊野仍保留着不少古道，假日行山遊人樂於尋訪。據行友訪尋所得：

新界東北部有橫七古道（由涌尾橫山腳上下村經上下七木橋村至鹿頸）、苗三古道（由九擔租經上下曲田至三椏灣）、南馬古道（南涌龜頭嶺至馬尾下）、荔谷古道（荔枝窩分水坳至谷埔）、烏犁古道（烏蛟騰經九擔租至犁頭石）、紅滘古道（紅石門至淡水湖中大滘小滘）以及烏涌古道（烏蛟騰至涌尾）等。

新界北部有鳳馬古道（由汀角路鳳園經沙螺洞、丹山河谷地至沙頭角馬尾下村）、大粉古道（大埔墟經沙螺洞、流水響至粉嶺聯和墟）、雲水古道（由丹山河谷地中的雲山下村至流水響水塘）、禾蓮古道（由禾徑山村至蓮麻坑）、坪輋廟徑（由沙頭角禾坑經萊洞、長山古寺至坪輋墟）。

新界東部西貢半島與清水灣半島範圍內，則有西貢古道、榕

北走廊古道（榕樹澳至北潭涌）、北潭坳大峯嶺古道、元五墳古道、海荔古道（海下灣南山洞至荔枝莊）、榕大古道（由榕樹澳經澳頭、南丫、十寮至大環），以及大北古道（由大網仔經低坳至北潭涌）等。

新界南部獅子山下有九龍古道、慈沙古道（慈雲山至沙田）、元荃古道（元朗至荃灣）、荃大古道（荃灣鉛礦坳至大埔墟）、田深古道（田夫仔村至深井）、田青古道（田夫仔村至青龍頭）、大錦古道（大欖涌至元朗）等。

新界西部青山半島及其鄰近區域的著名古道，有花朗古道（花香爐至龍鼓灘南北朗村）、大楊古道（大水坑良田坳至楊小坑）。因該區近年發展迅速，望后石與龍鼓灘之間的望龍古道、白泥經稔灣至龍鼓灘的白龍古道已毀。

泥徑

石磴古道

問路石

　　新界郊野的石磴古道，多連接村落及墟市，其路徑縱橫交錯，在村落比較密集的地方便出現很多分叉路。為方便村民辨別方向，分叉路附近常豎立石塊，標示地名及方向。石塊略呈長方型，一般為堅硬的花崗岩刻成，村民稱此等路標為「問路石」。

　　問路石具有較高的歷史研究價值，石上顯示的地名，可作為昔日村落間交通聯繫的憑證。問路石上經常出現一些古老的地名，標示了當年重要的墟市和村落。部分問路石更刻有立石者姓名，為了解附近村落的氏族提供了寶貴資料。行友訪尋所得問路石如下：

　　荔谷古道上問路石，上刻「左往荔枝窩，右往烏交田」。

　　蠔涌古道上問路石，上刻「左往界咸大腦，右往蠔涌西貢」。

　　涌尾古道上問路石，上刻「左往鹿頸深圳墟，右往烏蛟田東和」。

　　涌尾村遺址上另一問路石，上刻「右往龍尾大埔，左往渡頭滘尾」。

　　荔谷古道上問路石，上刻「左边荔枝窩，問路石土名珠門田，右边梅子林」，並有落款「黃啟光」及「曾永□」（□為剝落文字）。

　　谷埔村問路石，上刻「左往鎖老盆，右往荔枝窩烏交田」。

　　小瀝源黃泥頭附近問路石，上刻「左往西貢，右往大老」。

　　鳳馬古道，始於大埔鳳園，經沙螺洞村、坪山仔、鶴藪圍至

　　　　　　　　　　　　　　　　　　石頭上的香港史

粉嶺馬尾下，是大埔區往打鼓嶺各村及沙頭角一帶的主要古道，現仍存部分石砌路面。沙螺洞張屋前豎有問路石，上刻「左往沙頭角，右往坪山仔」。

此外，大埔碗窰村前有路徑東接荔枝山，經坳背灣、河瀝背至沙田火炭。此古道保存較完整，在坳背灣及火炭豎有問路石，上刻「上往大埔」。據說這條石砌古道昔日可供馬匹行走，沙田鄉民往返大埔者駱驛不絕。

汀角及船灣一帶有石砌古道往沙頭角，沿大尾督海邊經牛坳、涌尾、新娘潭、烏蛟騰、分水坳、谷埔、鹿頭等地，至今途中仍存清光緒時立修橋碑及民國路碑。又西貢北約向沙澳行，經南山洞、蛇石坳、深涌、榕樹澳；或由高塘經嶂上、門坳至榕樹澳，再沿海邊至企嶺下，皆有古道存留。

隨着九廣鐵路通車及公路建成，古道漸被遺忘，但至今仍有不少「問路石」立於路途岔口，印證古道歷史。

# 紀念碑石篇

紀念碑為一種紀念性建築物,可用以紀念人或事。紀念碑紀錄一地之社區生活,可呈現歷史記憶,構成了每個城市的光榮和自豪。

### 維新塔爾號清剿海盜紀念碑

　　維新塔爾號（H. M. S. Vestal）清剿海盜紀念碑,立於 1847 年 3 月,由艦長泰博（Captain Charles Talbot）及該艦長官與其他成員所立,主要紀念「維新塔爾號」上因戰死、病死或因意外喪生的將士。「維新塔爾號」在 1845 至 1847 年間曾在錫蘭（今斯里蘭卡）、馬德拉斯（今清奈）及香港等地服役,亦參與過清剿該區海盜之戰役。

　　1845 年 8 月,該艦於婆羅乃（今婆羅洲）河口處偵獲海盜

巢穴。艦長泰博率兵五百餘登岸，破其巢穴，餘盜四散。英軍死六人，傷十五人。為紀其事，遂勒碑記為誌。文云：

THIS MONUMENT

WAS ERECTED BY

CAPTAIN CHARLES TALBOT

THE OFFICERS AND CREW OF

H.M.S. VESTAL

TO THE SACRED MEMORY OF

THEIR DEPARTED SHIPMATES

MARCH 1847


此石碑原立皇后大道東與禮頓道交界處，曾是跑馬地重要地標。紀念碑後移置跑馬地香港墳場內。

紀念碑全貌

部分碑記

### Powhatan號、Rattler號清剿海盜紀念碑

　　美國護衛艦 Powhatan 號與英國蒸氣帆船 Rattler 號清剿海盜紀念碑，為紀念因與海盜作戰而陣亡的四名英國船員及五名美國船員而立。香港開埠初期，海盜非常猖獗，為清剿海盜，英國蒸氣帆船 Rattler 號與美國護衛艦 Powhatan 號於 1854 至 1855 年間，參與英美聯合艦隊的聯合行動，對海盜佔據地——澳門西南方的高欄島發起進攻。

　　1854 年 11 月，英艦巴拉哥達號（H. M. S. S. Baracouta）會同清廷水師二船，遠征西部海上之高欄島，途中且有溫車士打號（H. M. S. Winchester）、斯巴丹號（H. M. S. Spartan）、Powhatan 號及 Rattler 號等七艦加入，聲勢浩大。時島上盜勢雖強，且對來襲者作頑強抵抗，惜因武器落後，最後亦告失敗。英美聯軍破海盜巢穴，逐其眾，餘盜亡出海外，投靠太平軍。

　　1855 年 8 月，英美聯合艦隊再征高欄島，於香港東南方一百五十英里處海面遇海盜船隊，雙方交戰數小時，海盜戰敗，十船被沉，死五百餘人，另有五百餘人及火炮二百餘門被擄。至是，盜患略減。Powhatan 號及 Rattler 號官軍死六人，傷十五人。

　　事後為悼念兩艦殉難水兵及紀其事，遂勒碑為誌。碑座正面上刻「KUHLAN 1855」，側（北）面碑文云：

ERECTED

BY THE OFFICERS AND CREW OF THE

UNITED STATES STEAM FRIGATE POWHATAN

AND

H.B.M. STEAM SLOOP RATTLER

IN MEMORY OF

THEIR SHIPMATES WHO FELL IN A COMBINED BOAT

ATTACK ON A FLEET OF PIRATICAL JUNKS OFF

KUHLAN. AUGUST 4th 1855

此石碑原位於灣仔禮頓道,後移置跑馬地香港墳場內。

紀念碑全貌

部分碑記

## 投石號紀念碑

投石號紀念碑又名加士居道紀念碑,原置九龍佐敦加士居道

與佐敦道交界。1906 年 9 月 18 日，一股強烈颱風襲擊香港，史稱「丙午風災」。時有法國魚雷艇名「投石號」La Fronde 於維多利亞港沉沒，造成五死二十五傷。當時船上的法籍船員正在協助拯救平民。1908 年，有民間組織在九龍加士居道豎立一座紀念碑以作悼念。該碑文載：

SACRED TO

JEAN BONNY CHARLES RENE DERRIEN

CHIEF PETTY OFFICERS

NARGISSE BERTHO JOSEPH NICOLAS PETTY OFFICERS

OF THE TORPEDO BOAT DESTROYER

"FRONDE"

WHO PERISHED AT HONG KONG

IN THE TYPHOON OF 18$^{TH}$ SEPTEMBER 1906

　　1949 年 5 月，九巴開設了一條 10 號巴士線，來往於尖沙咀天星碼頭與加士居道紀念碑之間，總站即稱為「紀念碑」。後來該路線延長到佐敦道碼頭。1968 年，紀念碑移置跑馬地香港墳場內，紀念碑原址成為拔萃女書院校園一部分。

法文碑記

英文碑記

### 馬棚先難友紀念碑

馬棚先難友紀念碑或稱馬場先難友紀念碑（Race Course Fire Memorial），位於香港銅鑼灣掃桿埔香港大球場後山麓咖啡園墳場「戊午馬棚遇難中西士女公墓」內，由東華醫院於 1922 年興建，為紀念 1918 年跑馬地馬場大火遇難者。紀念碑於 2010 年 1 月 21 日獲確認為一級歷史建築。2015 年 10 月 23 日，政府宣佈列為法定古蹟。

早年，跑馬地馬場供非英國人觀賞賽馬的看台，是以竹木搭成的「馬棚」。1918 年 2 月 26 日（戊午年正月十六日），正值農曆新春，亦是一年一度的週年打吡大賽第二日，逾萬中外人士於馬場觀看賽馬。未料竹棚不勝負荷，於下午 3 時左右倒塌，馬棚下的熟食檔被塌下的棚架打翻，煮食爐火燒着木棚，引起火警。火乘風勢，一發不可收拾，不少市民走避不及，結果逾六百人葬身火海。

災後，東華醫院派員積極救災，賑濟災民，安排工人撿拾遺

體，協助處理罹難者遺骸。當年華民政務司年報載，馬場大火中有六百七十人死亡，絕大部分為華人，亦有少數日本人、葡萄牙人及印度人。東華醫院資料顯示，僅在第八及第九棚內已發現約三百具遺骸。許多遇難者被燒得難以辨認，更有遺體糾纏在一起，較完整的遺骸有五百七十具。

時任東華醫院主席唐溢川於當年正月廿一日倡議請求政府撥地興建公墓，以安葬罹難者，又與各總理籌劃於愉園（今跑馬地）舉辦醮會，超渡亡魂。何棣生（即何甘棠）、何萼樓、陸蓬山與蔡季悟四名總理捐資，禮請青山禪院、六祖禪堂、福勝庵及延壽庵之僧尼，於 3 月 24 日至 31 日在馬場附近建醮七晝夜，超度亡魂。然而社會各方人士仍情緒低落，東華醫院又於 4 月 15 日禮聘廣東肇慶鼎湖山高僧虛雲老和尚率大批僧人來港，在愉園再建醮七晝夜，以安撫民心。牛池灣萬佛堂道長亦參與法事。

事發後第四日，東華醫院主席唐溢川向華民政務司要求撥地，設立永遠墓地，讓魂有所歸，另外聘請堪輿家李燿村選定適合下葬的地點，並公開徵集墓園設計。總理李亦梅倡議採用工務司署建築師何想之圖則。起初，華民政務司建議撥出香港仔華人永遠墳場山邊地段給死難者安葬。最後，政府決定撥出掃杆埔加路連山山麓咖啡園荒地，作為安葬罹難者地點。陵園由建築師何想設計，社會大眾捐款，於 1922 年建成，並名為「戊午馬棚遇難中西士女之墓」，陵園內立「馬棚先難友紀念碑」作為紀念。

1952 年政府在咖啡園墳場下方興建大球場，山腳不少墳墓

石頭上的香港史

需要遷移，位於大球場上方的馬棚先友墳場雖不受影響，但據東華資料顯示，其中遺骸已遷往沙嶺，因此墳場現稱「馬場先難友紀念碑」。香港賽馬會及東華醫院曾分別於 1974 年、1983 年、1993 年及 2010 年多次進行修葺工程。時至今日，東華三院董事局每年清明節仍依照傳統，前往進行拜祭。

死難者包括中西不同國籍，故墓園設計混合了中西建築元素：墓園以花崗岩建造，共分三層。最高一層左右各有一座八角重檐涼亭。中間一層為紀念牌樓，牌樓採用中國傳統的三間四柱式設計，有七個琉璃屋脊，脊頂飾以鰲魚及寶珠；正中刻「福、祿、壽」三字；下方墓碑上寫「戊午馬棚遇難中西士女之墓」；左右分別列出當天馬場葬身大火男女死難者六百一十三位之姓名。墓碑兩旁有中英文碑記，記載這次災難之始末。其兩旁對聯云：「旅夢安歸，驚斷離魂餘劫燼；馬蹄何處，嘶殘芳草膡燒痕。」意謂：天地旅客安歸何處，驚醒打斷離魂，只剩劫後餘燼；馬蹄聲又在何處，嘶聲殘留芳草，只留燒過痕跡。碑前置長形花崗岩香爐。最低一層有一對化寶塔，左右對稱。前方為寬闊半月形平台，有石欄圍繞，造形類傳統中式墓地。

墓園之中文碑記云：

**香港馬棚遇難中西士女墓碑記**

二等嘉禾章、香港太平局員、新會李亦梅敬撰

壬戌年孟冬上浣，番禺盧頌舉敬書

夏曆戊午正月之望，港人循故，事賽馬於黃坭涌之野。中西士女雲集，支葵棚以蔭之，簡名之曰「馬棚」。翌午不戒於火，觀者駭奔，棚傾。天忽風，火愈熾，須臾為爐。港督梅公哀之，命拾遺骴與劫灰，聚瘞於喫啡園，徇華俗也。方棚之災也，逸而出者蓋寡，或顛焉，或壓焉，幸而及地，又或阻於器物竹木而不能踰。其呼號慘怛之聲、轂觫待斃之形，耳不忍聞，目不忍見。俄而父尋其子，兄尋其弟，夫尋其妻妾，哭聲又震野而起。予姬陳氏同罹斯厄，是日亟欲往觀，若有驅而迫之者。嗚呼！豈真有數存其間耶？抑何其所遭之酷也！東華醫院同人聞耗，馳援弗及，召工撿掇殘骸。其猶可辨別者，歸之親屬；其不可辨別者，都五百九十餘具，公殯之。事後稽報冊，得六百壹十四人。有舉室焚無人報院及婦孺不知來報者，約又數百人。嗚呼痛哉！同人悲遇難之不幸，以兆域之狹隘，而葬禮之有缺也，謀遷葬以慰逝者。當道亦憫其情，遂允醫院前總理何君世光等請，別予鴨巴甸山地，脩廣七萬英尺有奇。乃啟土，則悉屬石質，無容棺所，復環請仍舊地拓展，政府許之。辛酉九月九日，備禮改葬。壬戌季冬，脩墓工蕆。詳書諸士女名氏，壽之貞珉，以垂久遠。諸君子之捐貲者，別勒於石，誌盛德焉。墓之決卜喫啡園也，議出於青鳥家李君燿村，為亡靈求吉壤，足繭不告勞，徧

　　　　　　　　　　　　　石頭上的香港史

相群山，謂無逾喫啡園者。既為之定穴，復定墓，坐巳
向亥兼巽乾三分。程督墓工，則何想君精工程學，規畫
周詳，圖式不憚十易稿，故能美善若此。皆韓昌黎所謂
浔牽連而書者也。

馬棚先友墳場入口

戊午馬棚遇難中西士女公墓牌樓

死難者芳名碑

中文碑記

## 皇后像廣場和平紀念碑

皇后像廣場和平紀念碑（The Cenotaph）在遮打道皇后像廣場北面，用以紀念第一及第二次世界大戰中全球殉難的軍人。紀念碑於 1923 年 5 月 24 日由港督司徒拔爵士（Sir Reginald Edward Stubbs）揭幕。

紀念碑豎立在中環皇后像廣場旁一個被鐵鏈圍封的草坪上，四邊均有石板路通到中央台階，四周為草坪。紀念碑由埃德溫·魯琴斯爵士（Sir Edwin Lutyens）設計，外形仿效倫敦白廳的和平紀念碑。基座呈階梯形，上面部分採用壁階設計，逐漸向上縮窄，頂部為一長方形石棺，上面飾有石製花圈。

碑上兩側原先只刻有「THE GLORIOUS DEAD」（光榮的殉難者）、「1914–1918」（第一次世界大戰年份）、「MCMXIX」（羅馬數字 1919，《凡爾賽和約》簽訂年份）」。第二次世界大戰結束後，紀念碑加刻「1939-1945」（第二次世界大戰年份）以紀念二次大戰陣亡軍人。1981 年，側面加刻「英魂不朽，浩氣長存」八字，以表示對兩次戰爭死難者的紀念。

回歸前，紀念碑前每天均有旗幟升降儀式，以悼念香港抗戰軍人。而每年 8 月最後一個星期一定作「香港重光紀念日」，亦有悼念儀式舉行，為紀念香港戰勝日軍重獲自由。以上儀式於 1997 年香港回歸後廢止。現時，每年 8 月 15 日抗戰勝利紀念日及 11 月第二個星期日和平紀念日仍會在此舉行和平紀念活動。

和平紀念碑於 2013 年被評定為香港法定古蹟，至今仍然保留原貌。

皇后像廣場和平紀念碑（正面）　　　皇后像廣場和平紀念碑（側面）

### 動植物公園歐戰華人國殤紀念碑

　　歐戰華人國殤紀念碑為一石牌坊，位於香港動植物公園近聖若瑟書院入口處。該牌坊立於 1928 年，由帝國戰爭墓地委員會建造，以紀念九百四十五名在第一次世界大戰中犧牲的華工。

　　第二次世界大戰期間，牌坊受炮火損毀。二戰結束後，1948年，港府修復該牌坊，於其上加刻二戰開始及結束年份，以紀念二戰中的華人死難者。牌坊橫額中文上刻「IN MEMORY OF THE CHINESE WHO DIED LOYAL TO THE ALLIES CAUSE IN THE WARS OF 1914-1918 AND 1939-1945」。牌坊兩柱分別刻有「一九一四年至一九一八年紀念戰時華人為同盟國殉難者」及「一九三九年至一九四五年紀念戰時華人為同盟國殉難者」。兩

歐戰華人國殤紀念碑

牌坊橫額

石頭上的香港史

柱前後各置石獸一對，合共四隻，均為雄性。石獸頭上有角，口中無珠，為牌坊增添特色。

1997 年以前，每年十一月和平紀念日，動植物公園中的歐戰華人國殤紀念碑及不遠處的聖公會聖約翰座堂皆有獻花紀念儀式，向戰時死難者致敬。香港回歸後，紀念儀式集中在皇后像廣場和平紀念碑前舉行。


### 聖約翰救傷隊烈士紀念碑

聖約翰救傷隊烈士紀念碑（St. John War Memorial）位於港島黃泥涌峽道，於 1952 年豎立，以紀念 1941 年香港保衛戰中犧牲的聖約翰救傷隊隊員。

1940 年 7 月，隨着日軍入侵香港的威脅增加，香港政府動員聖約翰救傷隊進駐香港各區救護站，以備在戰爭爆發時提供緊急救護服務。1941 年 12 月 8 日清晨，日軍入侵香港，戰爭期間，救傷隊成員在前線為傷者提供救護服務。雖然救傷隊員佩戴救護人員標識，但日軍仍對這些醫護人員加以殺害。不少救傷隊成員在北角、柴灣、赤柱及黃泥涌峽等地，於拯救傷者時遇害。部分隊員被日軍射殺，或被俘後遭日軍斬首，當中有五十六名遇難成員最終能辨識身份。

二次大戰結束後，聖約翰救傷隊籌款，為在香港保衛戰中犧牲的隊員建立紀念碑。紀念碑豎立於港島黃泥涌峽，蓋因該處是香港保衛戰的主要戰場之一，且犧牲隊員有多人被殺害於此。

1952 年紀念碑建成，是年 2 月 10 日中午，紀念碑由聖約翰救護機構總監岳圖倫（Sir Otto Marling Lund）主持揭幕。此後，在每年日期距和平紀念日最接近的星期日，救傷隊成員代表都會到紀念碑前獻花，悼念戰時死難隊員。

紀念碑原建於黃泥涌峽道與淺水灣道交界處山邊，面前為馬路，悼念活動時，部分人員須站出馬路，對交通造成影響。1993年 6 月，港府撥出原址附近一幅與黃泥涌峽道南北行線及大潭水塘道分隔開的草坪，以遷置紀念碑，使隊員於舉行悼念活動時無須站出馬路。

紀念碑呈正方錐體，以方塊麻石疊砌成，頂部四周刻有代表聖約翰救護機構的十字徽章。

紀念碑基座四周皆有刻字，其正面銘文云：

IN HONOURED MEMORY OF THE OFFICERS AND MEMBERS OF THE ST. JOHN AMBULANCE BRIGADE HONG KONG WHO LOST THEIR LIVES DURING THE 1941-1945 WAR.
THIS MONUMENT HAS BEEN ERECTED BY THE PATRONS, SURGEONS, OFFICERS AND MEMBERS OF THE BRIGADE.

兩側刻有五十六名戰時遇難隊員的名單。2015 年 11 月，當

石頭上的香港史

局另於紀念碑前方兩旁各豎立一塊牌匾，左方牌匾講述香港保衛戰中救傷隊人員犧牲事蹟，另一牌匾收錄贊助者芳名。

聖約翰救傷隊烈士紀念碑

紀念碑基座銘文

紀念碑前的香港保衛戰中救傷隊人員犧牲事蹟說明牌

## 烏蛟騰抗日英烈紀念碑

烏蛟騰抗日英烈紀念碑位大埔烏蛟騰烈士紀念園內，為紀念1941年至1945年間為保衛香港、對抗日軍侵略而犧牲的東江縱隊港九獨立大隊成員與烏蛟騰村村民而建。

1941年香港淪陷，時廣東人民抗日游擊隊東江縱隊，於港九各地成立東江縱隊港九大隊，大埔烏蛟騰為重要基地。1942年農曆八月十六日，日軍包圍烏蛟騰村，強逼村民繳械並供出游擊隊隊員。村長李國藩與多名村民堅拒妥協，終被日軍折磨至死。香港重光後，村民在烏蛟騰距新娘潭不遠一山坡上豎立紀念碑，緬懷犧牲烈士。該紀念碑為一方形長石筆，正中刻有「烈士紀念碑」字樣，左右兩旁平面上刻對聯，聯云：「紀昔年滿腔熱血，念先烈萬世功勞。」正面下首紅字：「各烈士芳名永垂不朽」。旁有數張石長椅，供遊人休憩。後以該地方偏僻，鄉人遂建議遷至現址。2010年9月24日（農曆八月十六日）舉行重建落成開幕儀式。每年農曆八月十六，根據當地習俗，烏蛟騰村村民會齊集紀念碑前，向犧牲烈士致敬。

紀念碑呈方錐形，正面直書「抗日英烈紀念碑」，由原東江縱隊司令員曾生題寫。基座橫書「浩然正氣」。碑旁有矮身碑石兩座，分別以中、英文扼要敘述烏蛟騰村民抗日事蹟。

中文碑文云：

石頭上的香港史

## 抗日英烈紀念碑

一九四一年十二月八日，日本法西斯發動太平洋戰爭，港九新界淪為日本侵略者的佔領區，新界人民發揚抗暴鬥爭的歷史傳統，在東江人民抗日游擊隊領導下，同日本法西斯展開了可歌可泣的鬥爭。在三年八個月的時間裏，日本侵略者對烏蛟騰及其周圍村莊發動了大小掃蕩十餘次，一九四二年九月二十五日（農曆八月十六日），日本侵略者拂曉包圍烏蛟騰村，強迫群眾交出自衛武器和供出游擊隊員，村長李世藩、李源培挺身而出，不怕灌水，不怕火燒，不怕軍馬踐踏，堅貞不屈，李世藩壯烈犧牲！日本法西斯的殘暴統治，激起了廣大群眾的民族仇恨，成千上萬的熱血青年男女，愛國愛鄉，紛紛參加港九人民抗日游擊隊，英勇殺敵。烏蛟騰村有李世藩、李憲新、李天生、李志宏、李官盛、李偉文、王官保、王志英、李源培等，獻出了自己寶貴的生命。日本法西斯終於一九四五年八月十四日宣佈無條件投降，反法西斯戰爭勝利了，英雄烈士們的光輝業跡同港九新界的山山水水一樣，萬古長存！人民英雄永垂不朽！

烏蛟騰村立於一九五一年十月

一九八五年九月重修

烏蛟騰烈士紀念園　　　　　　　烏蛟騰抗日英烈紀念碑

### 西貢斬竹灣抗日英烈紀念碑

西貢斬竹灣抗日英烈紀念碑座落於西貢斬竹灣西北岸、緊鄰大網仔路一山崗上的「烈士碑園」內，為紀念東江縱隊港九獨立大隊在抗日戰爭中殉難的將士。

石碑於 1988 年由香港各區鄉紳、各界社團及海外華僑捐款，香港政府在西貢斬竹灣撥出土地建築，1989 年 1 月 23 日揭幕。石碑立於斬竹灣烈士碑園，入口有牌坊，橫額「烈士碑園」。兩柱聯云：「熱血灑鞍山，芳流百世；英名揚貢海，景仰千秋。」柱下兩邊各有石獅一頭。

牌坊旁有一石碑，形如翻開的書本，石座正面上刻「保衛祖國，為民先鋒」。旁刻碑誌云：

曾生大隊長以文士奮起，領導愛國青年組成游擊隊，保衛祖國，駐軍東江。韜於文化游擊隊，自港轉移陣地，承蒙衛護，不勝感奮。敬書此奉贈，藉志謝忱。

鄒韜奮

一九四二年一月二十日

石書上刻「永誌難忘的一頁」，文云：

## 永誌難忘的一頁

一九三七年盧溝橋事變，日本軍國主義全面侵華，繼又發動太平洋戰爭。一九四一年十二月八日，香港亦蒙受炮火，英軍在短促的戰鬥中即告瓦解，戰十八日而失陷，香港同胞開始了三年零八個月暗無天日的生活。

神州大地烽煙四起，全國人民奮力抗戰，中國共產黨領導的廣東人民抗日游擊總隊（東江縱隊前身），派出精幹武工隊進入港九新界地區，發動群眾，組建游擊隊。一九四二年二月三日，港九獨立大隊在香港西貢黃毛應教堂宣告成立，統一指揮抗日武裝部隊。西貢、沙頭角、元朗、大嶼山、市區等地先後成立地區中隊，還有海上中隊和中華中隊。同時，在各農村根據地，組織民兵自衛隊、游擊隊之友、婦女會、青年會、兒童團等，與游擊隊並肩抗戰。

港九獨立大隊有成員近千，絕大部份是土生土長的香港人。他們果斷地消滅數十股土匪，保護了村民的生命財產；在敵人嚴密控制下，出色地完成護送大批留港文化界精英、愛國民主人士脫險，並轉移到安全後方的任務；向被驅趕出境的幾十萬市民，在淒苦的旅途中伸出援手；不惜犧牲，為反法西斯同盟軍提供重要情報，營救英軍戰俘和盟軍飛行員；深入日軍腹地和海域，牽制及打擊敵人有生力量。

　　在三年零八個月艱辛歲月中，游擊隊員冒出生入死之險對敵作戰，民眾為掩護他們視死如歸，軍民共赴國難，建立了赫赫戰功。港九獨立大隊是香港淪陷時期唯一的抗日武裝隊伍，在殖民統治期間，卻無任何文字記載。但香港歷史這難忘的一頁，民眾銘記於心，英雄的事跡代代傳頌。港九新界地區各界人士先後在沙頭角、烏蛟騰和西貢建立了「抗日英烈紀念碑」，每年均舉行隆重的謁碑典禮。

　　一九九七年七月一日香港回歸祖國，四百多名分散各地的老戰士會聚香港慶回歸。各界獲悉當年父輩含淚送別的親人回來了，紛紛發出熱情洋溢的邀請。老戰士們重遊戰鬥過的地方，所到之處，民眾奔走相告。曾經患難與共的父老鄉親，由兒孫陪伴出席歡迎盛典。當年捨生忘死去保衛的這片神聖領土，已回到祖國懷抱，憶

及往事，百感交集！同年中秋節，特區行政長官董建華接見老游擊戰士代表，讚揚港九獨立大隊的貢獻。

一九九八年重陽節，香港特別行政區舉行隆重的「陣亡戰士名冊安放儀式」，特別行政區政府承認：東江縱隊港九獨立大隊是香港淪陷時期一支正式的武裝部隊，在保衛香港的戰爭中作出了重大的貢獻。特首董建華親自把在抗日戰爭中，為保衛香港而犧牲的東江縱隊港九獨立大隊的壹百壹拾五名烈士的名冊，安放在大會堂紀念龕，供市民憑弔。特區政府決定在每年的重陽節，舉行「為保衛香港而捐軀之人士」紀念儀式。

半個多世紀後對烈士遲來的追認，使名冊安放儀式意義非凡。全港各大媒體和世界著名通訊社，都作了廣泛和詳盡的報導，對特區政府給予高度評價。報章雜誌刊載介紹香港九獨立大隊的資料，也激發了青少年踏著先輩的足跡，追尋這段令港人驕傲的歷史。

東江縱隊港九獨立大隊作為一支抗日隊伍，早在抗日戰爭勝利後，已完成歷史賦予的使命，所建立的功績亦載入史冊，也給後人留下了寶貴的精神財富。英烈用鮮血和生命煉鑄的豐碑，永垂不朽！

　　　　　原東江縱隊港九獨立大隊老游擊戰士聯誼會
　　　　　二零零四年二月三日立

園內豎立的紀念碑，高約二十公尺，外形成平面梯形，碑的正立面及兩側立面均向中心傾斜。碑正面直刻曾生所題之「抗日英烈紀念碑」。其下碑座正面為「西貢抗日英烈紀念碑志」，文云：

### 西貢抗日英烈紀念碑志

　　溯自日本法西斯主義者悍然侵華，我大好河山，淪亡泰半，民族災難，至巨且深。北望中原，橫流泗涕。侵略者貪得無厭，發動太平洋戰爭，香港同胞陷於水深火熱之中。凡我炎黃子孫，不論生於斯土，或歸從南洋諸島，四海五洲，憤起禦侮，與同盟國家及全世界愛好和平人民併肩作戰，港九游擊大隊成立矣。

　　三年八閏月之艱辛歲月中，游擊戰士活躍在崇山峻嶺，海港河灣，出沒於田疇村舍，郊野叢林，與人民群眾血肉相連，如魚得水。肅匪鋤奸，克敵制勝，營救文化精英，支援盟軍作戰，豐功偉績，舉世稱頌。

　　西貢地理險要，南連九龍城畿，北通大鵬灣畔，大隊部長期駐紮，主力所在，戰鬥頻繁，犧牲在所難免。

　　抗戰勝利，倏忽四十餘年。往者已矣，我輩每念往日游擊戰士與地下工作者，拋頭顱，灑熱血，為國為民，前赴後繼，獻出生命。據可查考者已有七十餘人。黃土長埋，默然無聞者，尚不止此數。抗日先烈以鮮

紅熱血譜寫壯烈史詩，皆應銘記表彰，以慰英靈，以昭後世。

　　此碑矗立之日，正值中英兩國友好合作，簽署聯合聲明。一九九七年將恢復主權。香港和平發展，穩定繁榮，先烈九泉有知，皆含笑焉。是為志。

　　　　　　　西貢區抗日英烈紀念碑籌建委員會敬立

　　　　　　　公元一九八七年十二月　書石姚光霖


　　紀念碑兩旁分別豎立三塊石碑：右首三碑刻捐者芳名；左首第一碑刻「香港新界西貢民眾惠存，忠勇誠愛，紀念一九四一年至一九四五年西貢民眾協助盟軍功績，英軍代表李芝上將敬贈」；第二碑刻「抗日英烈紀念碑籌建委員會」成員芳名；第三碑刻「前言」，文云：


前言

　　朔自一九四一年日軍南侵，香港淪陷，敵寇橫行，盜賊猖獗，奸淫殺掠，魚肉鄉民。此中苦況，記憶猶新。幸得港九大隊組成，領導同胞與盟軍並肩作戰。三年零八閱月，與敵周旋。因西貢地理險要，又當水陸要衝，大隊部長期駐札。為保家衛國，為保衛世界和平，奮不顧身，前赴後繼，一面搶救國際友人，一面護送商旅，戰鬥頻仍，犧牲壯烈。據不完全統計，犧牲烈士竟

達共七十多人。其英雄事跡，可歌可泣，豐功偉績，舉世稱頌。

因思先烈已能以鮮血譜成壯烈史詩，吾人應當立石豎碑，以慰英靈，藉昭後世。以是地方父老鄉親遂倡建「抗日英烈紀念碑」，首先得當年東縱司令員曾生先生親題碑名，繼而西貢區當地政府允予批地，特別是西貢政務專員何鑄明太平紳士，還鼎力協助。廣州華南工學院義務設計圖則，派出設計師邱宏川先生來港設計模型，而建築師許永渡先生義務向政府辦理有關手續；廈門石雕廠允為加工石料及鑲砌；達通建築公司承辦建碑工程。此外還得到港九、新界、國內社會熱心人士，海外僑胞踴躍捐輸，使我建碑工作得於順利完成。並於一九八八年三月廿九日舉行動工典禮，蒙西貢政務專員何鑄明太平紳士、香港新華社新界辦事處主任毛庚年先生、新界鄉議局主席劉皇發太平紳士、西貢區議會主席溫漢璋太平紳士、李潤壽太平紳士、建築師許永渡先生親臨主持，謹此致謝！

從此抗日英烈紀念碑遂莊嚴壯麗矗立於貢海之濱，英名永著，浩氣長存矣！

開幕典禮現正擇日隆重舉行，先烈有知，定當含笑九泉，而吾人亦引以為榮焉。

一九八八年十二月

西貢斬竹灣烈士碑園　　　　　　　「永誌難忘的一頁」碑

### 香港回歸祖國紀念碑

香港回歸祖國紀念碑（The Monument in Commemoration of the Return of Hong Kong to China），簡稱回歸紀念碑，位於港島灣仔香港會議展覽中心新翼人工島西北面，是一座紀念香港回歸的紀念碑。紀念碑於 1999 年 7 月 1 日，由時任中華人民共和國副主席胡錦濤與時任香港特別行政區行政長官董建華揭幕，以慶祝香港回歸兩週年。

早在 1996 年 5 月 25 日，全國人民代表大會、香港特別行政區籌備委員會作出決議，通過建立香港回歸祖國紀念碑，以「永久紀念香港回歸祖國」，並且建議由香港特別行政區政府負責籌建。特區政府於 1998 年 7 月成立「香港回歸祖國紀念碑工作小組」，由梁振英擔任主席。紀念碑由曾留學澳洲的香港建築師鄧鏡華（Thomas Tang）先生設計。

紀念碑高 20 米，寬 1.6 米，由基座、柱身及柱頂三部分組成。基座及柱身皆以花崗岩建造，柱頂則以銅鑄成。紀念碑柱

身由二百零六個石環組成，代表由 1842 年至 2047 年各年份。當中有六個淺色石環，代表香港歷史上的重要年份，包括：1842年（中英簽訂《南京條約》，割讓香港島）；1860 年（中英簽訂《北京條約》，割讓九龍）；1898 年（中英簽訂《展拓香港界址專條》，租借新界）；1982 年（中英兩國就香港前途問題展開會談）；1984 年（中英兩國簽署《中英聯合聲明》）；1990 年（全國人民代表大會正式頒佈《香港基本法》）；1997 年（香港主權移交予中華人民共和國）。為突出香港回歸的重要性，代表 1997年的石環上嵌有光環，內含有三十二個光纖點。最後一個石環代表 2047 年，象徵香港回歸後「五十年不變」。柱身下方上圓，增加了立體變化的視覺變化效果。

碑頂設置了 4,000 瓦特的強力射燈，於晚間發射光柱到空中，象徵香港持續繁榮。碑上刻有前中共中央總書記、國家主席江澤民的親筆題詞，下方為碑文。

政府本有意在添馬艦政府總部落成後，將香港回歸祖國紀念碑遷到總部前的廣場永久擺放。然而新政府總部於 2011 年落成後，至今未見當局有搬遷紀念碑的準備。

碑文云：


### 香港回歸祖國紀念碑

香港地處中國南疆，水清港深，居民聚族蕃衍，航通遠洋。一八四零年鴉片戰爭後，英國割佔香港島、九

龍，又挾勢租借「新界」。香港倚東西交匯之利，以自由港促進國際貿易，勵行法治，民既勤奮，經營有成，且得祖國多方支援，蔚為國際金融貿易航運中心。百年神州，憂患無已，有志之士，無時不圖收復國土。自改革開放以來，國勢日強，我國宣佈於一九九七年收回香港，偉大政治家鄧小平先生提出「一國兩制」、「港人治港」及高度自治之英明構想，萬眾忻騰擁護。中英兩國展開外交談判，簽署聯合聲明，英國政府同意將香港交還中國，中國政府根據憲法規定，設立香港特別行政區。全國人大乃有「香港特別行政區基本法起草委員會」之組織，廣諮民意，提交全國人民代表大會通過《香港特別行政區基本法》；設立「香港特別行政區籌備委員會」，負責籌備成立特別行政區之有關事宜；經推選委員會選舉，中央人民政府任命董建華先生為第一任行政長官。一九九七年六月三十日午夜，中英兩國政府在香港舉行香港政權交接儀式，由江澤民主席與查理斯皇儲主禮，舉世矚目，海內外各國嘉賓觀禮者數千人，國旗區旗高揚，歡聲雷動，人民解放軍進駐香港，山海重輝，誠劃時代之壯舉也。今回歸又二周年，中央與特別行政區政府恪守基本法，居民安居樂業。籌委會決定樹此豐碑，誌回歸盛典。所望中華兒女，港人子孫，踵前人勤奮守法之精神，愛國愛港，循序漸進發展民主，

共致繁榮，香港當以國際大都會及中國南方經貿文化重
鎮之雄姿，垂制千秋，昌熾無極。

中華人民共和國香港特別行政區政府

一九九九年七月一日立

香港回歸祖國紀念碑

碑記

### 回歸紀念柱

回歸紀念柱位於新界元朗區八鄉上村公園內，由八鄉鄉事委
員會於 1997 年自資籌建，以紀念香港回歸。柱上「擎天一柱回
歸紀念」金漆字，為時任新華社香港分社社長周南題書。

石頭上的香港史

回歸紀念柱

### 香港回歸紀念塔

香港回歸紀念塔位於大埔海濱公園內，建於 1997 年，用以紀念香港是年回歸中國。清光緒二十四年（1898），清廷以大學士李鴻章與英國公使竇納樂（Sir Claude Maxwell MacDonald）訂立《展拓香港界址專條》。翌年，清委員王傳善與港府輔政司駱克（Sir James Haldane Stewart Lockhart）共同勘界，並簽訂《香

港英新租界合同》，將九龍半島北面之土地租借與英國，其範圍南自界限街，北至深圳河，東則由大鵬灣起，西至后海灣，又包括大嶼山一帶的小島，共計 376 平方英里，佔前清新安縣土地三分之二。租期為九十九年。1899 年 3 月初，駱克檄諭新界居民，要求將土地印契呈驗，並有加稅之說。3 月 27 日，警司梅含理（Sir Francls Henry May）率隊前往大埔運頭角（大埔墟泮涌旁一小丘），搭建蓆棚，供警察駐守，並準備於該處舉行接管新界儀式。是年 4 月 4 日，卜力命加士居少將（Sir William Julius Gascoigne）率兵百名，會同駱克前往大埔。加士居少將率英軍自大埔海登岸，於林村谷擊敗新界村民，繼佔錦田，取去吉慶圍及泰康圍鐵門，運返英國。至是，新界遂全歸香港政府管治。1997 年，政府於該處填海，發展大埔工業區，並於海濱建大埔海濱公園，園內建回歸塔，紀念香港是年回歸中國並成為特區。塔下有銅碑，記載 1899 年鄉民抗英事件及 1941 年日軍襲港事件。

該塔高 32.4 米，塔下有碑記說明興建意義。碑記云：

### 香港回歸紀念塔碑記

香港新界，乃鄉民立根之地，創業之源。百年以前，列強入侵，滿清無能，喪權辱國，割讓港九於前，租借新界於後。租借之初，先民保鄉衛土，慘烈犧牲。香港淪陷，鄉人對日抗戰，顯耀功勳。香港重光，新界發展，鄉民積極參與，為社會繁榮，作出重大貢獻。

石頭上的香港史

隨着中英聯合聲明簽訂，九七年七月一日，國家恢復行使香港主權，殖民管治，宣告結束，前恥盡去，國運當興。此歷史性時刻，對新界原居鄉民而言，意義重大。是以新界鄉議局倡議並贊助興建此回歸紀念塔，作為香港回歸之獻禮。

　　當年英國接管新界，即從大埔此區登陸，今日香港回歸祖國，吾人復於此地建塔立碑紀念，此來此去，非徒巧合，實有前因。況此公園，負山瀕海，風光綺旎，登樓閒眺，賞景怡情，正是一湖煙水，百載滄桑，容易引人啟發思潮；然緬懷先烈前賢之彪炳功業，其熱愛國家民族之高尚情懷，當不會因時而變，因人而異也。

　　　　　一九九七年七月 新界鄉議局主席劉皇發 謹序

香港回歸紀念塔

※ 奠基石篇

奠基石是一種在建築物奠基時埋置於基礎或外牆上的石塊，用於慶祝動工。其銘文多記錄奠基儀式主禮者的名號及奠基的年、月、日等。有些奠基石下還放置時間囊，待建築物拆除時，時間囊才得以重見天日。

### 干諾公爵中環填海基石

　　香港早在 1842 年，已開始進行填海工程。當時，香港島中上環興建荷李活道、皇后大道及雲咸街，剩餘大量沙石，當局為避免搬運至其他地區存放，於是直接把沙石傾倒進維多利亞港，擴大維多利亞城面積，這便成為香港第一塊填海土地。政府將新填海地域劃分為四十段，每段約 100 呎，讓英商進行投標，結果共售出三十三幅土地，價格由 20 英鎊至 265 英鎊不等。

1851 年上環下市場（今蘇杭街一帶）發生大火，災後，港府於 1852 年利用災場瓦礫及山邊石材，展開「文咸填海計劃」，由蘇杭街、威靈頓街與皇后大道中交界處至蘇杭街與摩利臣街交匯處，發展出今上環文咸東街（Bonham Strand）一帶的土地。1856 年，港府倡議「寶靈填海計劃」，於中上環海旁至東角（今銅鑼灣）之間填海闢地，由於備受反對而未推行。1866 年港府提出的中區東部填海計劃，亦為商人及軍方反對。

　　1890 年至 1903 年，港府推行「海旁填海計劃」，在香港島北岸西至堅尼地城、東至銅鑼灣，填造了不少土地。新填地上興建了皇后行、太子行、郵政總局、香港會所、最高法院、皇后像廣場、木球會等建築。

　　1890 年 4 月 2 日干諾公爵（Arthur William Patrick Albert, Duke of Connaugh and Strathearn）訪港，主持中環填海工程動工儀式，豎立紀念基石。基石原位於香港木球會會所看台附近，1975 年，木球會遷至黃泥涌峽，其原址成為地鐵（港鐵前身）中環站的建築工地，紀念基石曾被移走。1978 年，舊香港木球會會所改建作遮打花園。1983 年基石移置遮打花園內，與其原來位置接近。

　　基石上銘文云：

THIS STONE WAS LAID BY

H.R.H. THE DUKE OF CONNAUGHT, K.G.K.T.K.P.&c.

ON THE 2<sup>ND</sup> APRIL, 1890

IN COMMEMORATION OF THE

COMMENCEMENT OF THE PRAYA RECLAMATION

WORKS

SIR G. WILLIAM DES VOEUX K.C.M.G.,

COVERNOR

基石座上銅牌文云：

This Stone was relocated at its present site on 28th
August 1983.

此奠基石乃於一九八三年八月二十八日移立此處。

干諾公爵中環填海基石　　　　基石銘文

石頭上的香港史

### 維多利婦孺醫院基石

舊域多利婦孺醫院（Victoria Hospital for Women and Children），原為香港一所公營醫院，位於香港島山頂白加道 15 至 17 號，1897 年由港總羅便臣奠基，為紀念維多利亞女皇登基六十週年而開設，故又稱為域多利銀禧醫院（Victoria Jubilee Hospital）。由於工程延誤至 1903 年 11 月才正式啟用，奠基石被移置白加道近醫院徑一帶，並由當時港督卜力再次舉行奠基儀式。奠基石下放置一時間囊，內有當時的報紙與硬幣。

舊域多利醫院專門收容、治療女性及兒童病人。1921 年，醫院加建產科翼樓（Maternity Block）。醫院於 1947 年停辦，主樓隨即拆除，改建為輔政司官邸。產科翼樓則保留，改為政府宿舍，並取名為維多利亞大廈（Victoria Flats），現由政府產業署管理。奠基石則一直保留在原來位置。維多利亞大廈現被評為香港三級歷史建築。

奠基石文云：

VICTORIA HOSPITAL

FOR WOMEN AND CHILDREN

THIS STONE WAS LAID BY

H. E. SIR WILLIAM ROBINSON K. C. M. G.

GOVERNOR

TO COMMEMORATE THE COMPLETION OF THE

60<sup>TH</sup> YEAR OF THE REIGN OF

HER MOST GRACIOUS MAJESTY

QUEEN VICTORIA

22<sup>ND</sup> JUNE 1897

舊域多利醫院產科大樓　　　舊域多利醫院基石

### 域多利道奠基石碑

1897 年 6 月，港府為紀念維多利亞女皇登基六十週年，於港島堅尼地城以北興建道路，並將其命名為域多利慶典道（Victoria Jubilee Road），豎立奠基石作紀念。奠基石下埋有一個玻璃瓶，作時間囊之用，瓶內載有當年的報紙、紙幣及硬幣，由當時的港督羅便臣主持奠基儀式。

奠基石文云：

VICTORIA ROAD

THIS STONE WAS LAID BY

H. E. SIR WILLIAM ROBINSON K. C. M. G.

GOVERNOR

TO COMMEMORATE THE COMPLETION

OF THE 60$^{TH}$ YEAR OF THE REIGN OF

HER MOST GRACIOUS MAJESTY

QUEEN VICTORIA

22$^{ND}$ JUNE 1897

　　1910 年代，該道路進行擴建工程，其名稱簡化為域多利道
（Victoria Road）。當時的域多利道只是一條沙泥道路。隨着 1960
年代華富邨的興建，該道路全面改建成標準水泥路。2000 年代
初，為配合數碼港的興建，域多利道部分路段亦進行擴建及改善
工程。

　　1977 年，為慶祝伊利沙伯二世女皇登基二十週年銀禧紀
念，奠基石碑被遷移至域多利道西端盡頭，即域多利道與摩星嶺
道交界現址，由當時署理港督羅弼時爵士（Sir Denys Tudor Emil
Roberts）主持安放儀式。新時間囊中有當年的報紙、街道圖、
1897 年時間囊中的照片及一份女皇口諭副本，同埋奠基石下，
作永久紀念。

　　今舊基石尚存，其下首有一長形中英文紀念銅牌，中文銘文云：

一九七七年十二月十二日域多利道紀念碑遷移現址，以誌女皇伊利沙伯二世登基銀禧之慶，荷蒙署理港督羅弼時爵士主持儀式，爰泐貞珉，以垂永紀。

域多利道奠基石碑

## 東華痘局基石

天花曾經在香港大規模肆虐。早在香港開埠初期，即十九世

紀中葉，香港已出現天花感染個案。自此之後，每隔十多年便會爆發天花疫症。二十世紀三四十年代，天花曾在本港造成逾二千人死亡，約三千人受感染。

東華痘局（Tung Wah Smallpox Hospital）位於香港島堅尼地城加惠民道，於 1901 年 11 月 18 日由時任港督卜力主持奠基，為當時防治天花疫症的主要設施之一，是由政府管理的防疫診所。1907 年，政府將其交予東華醫院管理，作為防治天花的痘局。東華痘局於 1910 年正式啟用，當時主要以中醫藥治理天花病人以及為民眾接種牛痘。痘局於卑路乍街與域多利道交界處立一拱門，石匾上刻：「TUNG WAH SMALLPOX HOSPITAL A.D. 1910」。隨着天花絕跡，東華痘局於 1938 年交還政府用作傳染病醫院。香港重光後，痘局被拆除，拱門被移放於附近西寧街堅尼地城巴士總站現址。

拱門前置基石，文云：

THE STONE WAS LAID

BY

SIR HENRY ARTHUR BLAKE G.C.M.G.

GOVERNOR OF THE COLONY OF

HONG KONG

18TH NOVEMBER 1901

基石上另有一石碑，說明東華痘局的歷史，文云：

此乃東華痘局之拱形牌坊及基石

該局於一九一零年在此附近落成

一九三八年改為政府傳染病醫院

並於第二次世界大戰後拆卸

THE ARCH AND THE FOUNDATION STONE
WERE ONCE PART OF THE TUNG WAH
SMALLPOX HOSPITAL, COMPLETED IN 1910,
NOT FAR FROM THIS SPOT.

IN 1938 THE BUILDING BECAME THE
GOVERNMENT INFECTIOUS DISEASES HOSPITAL,
AND WAS DEMOLISHED AFTER THE SECOND
WORLD WAR.

拱門和奠基石最近在 2008 年被翻新，石面潔淨了，文字亦更清晰可辨。

東華痘局基石

### 前最高法院大樓奠基石

香港最高法院 1844 年設於威靈頓街及雲咸街交界的大樓內，1848 年遷往中環皇后大道 7 號一座兩層高的大樓內。1898 年 2 月 28 日，立法局決議興建大樓，並委託英聯邦採辦處顧問建築師亞士東・偉柏（Sir Aston Webb）及英格里斯・貝爾（Edward Ingress Bell）設計。大樓整體設計於 1899 年完成。

大樓位於香港中環昃臣道 8 號，於 1899 年底開始動工興建，同年 11 月 12 日由港督卜力主持奠基禮。其後，工程因缺乏石匠與合適的花崗岩，延至 1911 年才得以完成。1912 年 1 月 15

日，最高法院由港督盧吉（Sir Frederick John Dealtry Lugard）主持揭幕。由於最高法院的英文名稱為 Supreme Court，而「Court」一詞與粵語「葛」發音相近，故最高法院大樓被俗稱為「大葛樓」。大樓建築風格呈新古典主義，揉合遠東建築特色，大樓上有蒙上雙眼的泰美思女神（Themis）像，其右手持天秤、左手持劍，代表大公無私。

日佔時期，大樓曾被用作日軍憲兵部本部，並加建拘問室等設施。香港重光後，法官人數大幅增加，1970 年代原建築地方已不敷應用，因此最高法院於 1975 年接受法律界建議，決定於金鐘用地興建新最高法院。

1978 年，受到香港地鐵遮打站工程影響，最高法院大樓結構受損，需要關閉進行緊急復修。最高法院其後遷往前法國外方傳道會大樓，1984 年再遷往金鐘法院道現址，而大樓復修工程於 1981 年完成。

大樓在 1980 年被列為香港一級歷史建築，並於 1984 年被列為法定古蹟。行政局在 1983 年通過決議，把舊高等法院改為立法局大樓。1997 年香港主權移交後，大樓隨着立法機關更名而改稱為立法會大樓。2002 年，當局建議將終審法院搬遷至立法會大樓處。香港立法會於 2011 年 10 月遷往位於添馬的立法會綜合大樓。而前最高法院大樓移交予司法機構，改稱為香港終審法院大樓，於 2015 年 9 月 7 日正式啟用。

大樓奠基石仍存門外石柱上，文云：

石頭上的香港史

THIS STONE WAS LAID

ON THE 12<sup>TH</sup> NOVEMBER 1903

BY

HIS EXCELLENCY

SIR HENRY ARTHUR BLAKE C. C. M. C.

GOVERNOR OF HONG KONG

WILLIAM CHATHAM MINST C. E.

DIRECTOR OF PUBLIC WORKS

ASTON WEBB R. A.

E. INGRESS BELL F. R. I. B. A.

ARCHITECTS

CHAN A TONG

CONTRACTOR

大樓正門外為皇后像廣場，內曾有石碑記載大樓歷史，

文云：

### 立法局、前最高法院大樓

本建築物建於一八九九年至一九一零年間，為當時

維多利亞港之法院大樓，一九一二年一月十五日，由

港督盧吉爵士主持開幕。建築物原有三個法庭，一直以來均由司法部使用。直至一九八四年，當時法庭已增至十個，連同資料室、一間囚室及辦公室。蒙着雙眼之公正女神石像希臘女神泰美思，為神話中的主神宙斯的顧問，並為法律與正義之神，因此仍保留不動，屹立在正門柱廊上，俯瞰廣場。一九四一年至一九四五年戰爭期間，建築物後面之石造部分曾遭損毀。繼司法部遷往金鐘道新最高法院，本建築物於一九八四年至一九八五年間，便改裝為立法局。政府憲報於一九八四年六月十五日公佈，本建築物外表為古蹟，並受古物古蹟條例保護。

前最高法院大樓奠基石

前最高法院大樓

### 九龍塘花園城市義德紀念基石

1922 年，九龍塘地區計劃興建花園城市，由政府批給

九龍塘及新界發展公司（Kowloon Tong and New Territories Development Co.）負責興建，東主為前立法局議員義德（Charles Montague Ede），預計在八十畝土地上興建二百五十幢獨立或半獨立、附有小花園的兩層洋房，並有學校、遊樂場等設施。

　　1925年，工程受到海員罷工、省港大罷工及發展商義德病逝，且面對清盤危機，部分業主及股東向何東請求協助。何東先組織了「九龍塘花園會所」，然後繼續完成餘下的工程。開發初期，該區吸引了不少英國富商居住，為解他們的思鄉之情，區內街道多以英國郡名來命名。

　　別墅於1929年相繼落成，為感謝何東協助建設之功勞，人們於九龍仔選取一條街道命名為「何東道」。區內以平房及別墅為主，當中至今仍保留着很多有數十年歷史甚至是1920年代「花園城市」初建成時最早的屋宇，並保留了不少樹木，頗具市郊風味。花園城市內的三角花園（雅息士公園）外牆處立有義德紀念基石。碑文載：


THE KOWLOON TONG ESTATE

FOUNDED BY THE HON. M^R C. MONTAGUE EDE

SEPT. 1922.

九龍塘花園城市平房別墅　　　　雅息士公園之義德紀念碑

### 太古船塢紀念基石

　　太古船塢（Taikoo Dockyard）原位於港島東區鰂魚涌太古城現址，由太古洋行開設，是當時亞洲規模最大的船塢之一。1883年，太古公司於當時荒蕪的鰂魚涌附近設立太古船塢、太古糖廠及香港汽水廠。太古船塢於 1902 年創建，1907 年竣工，是香港當時規模最大的船塢，一度僱用超過五千名工人，其造船技術及建造船隻的排水量，皆與日本船廠齊名。1910 年代至 1971 年間，太古船塢兼營位於九龍尖沙咀九廣鐵路旁的藍煙囪貨倉碼頭。香港淪陷時期，船塢被日軍佔領，且曾被炮彈炸毀。戰後船塢規模進一步擴大。1970 年代，隨着香港造船業式微，太古船塢與黃埔船塢在新界西青衣合併成香港聯合船塢。

1970 年代太古船塢遷出後，其原址發展為商住區，成為今日之太古城。太古船塢原址只保留總工程師麥當勞（D. Macdonald）所豎立的基石，該基石現時置於太古城中心，基石銘文云：

TAIKOO DOCK

COMMENCED AUGUST 1902

COMPLETED AUGUST 1907

D. MACDONALD M. I. C. E.

ENGINEER-IN-CHIEF

A. E. GRIFFIN. A. M. I. C. E, W. G. CLARKE A. M. I. E. E.

其下銅牌文云：

This is the original foundation stone of the Taikoo Graving Dock. It was removed to Hong Kong United Dockyards at Tsing Yi Island on the closing of the Taikoo Dockyard in 1978 and was returned to its original position in Taikoo Shing in August 1991.

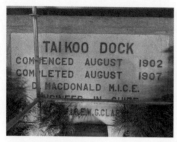

太古船塢紀念基石

1952紀念基石下銅牌

### 水塘落成紀念碑

為紀念水塘的落成，香港多個水塘皆立有落成紀念碑，包括大潭水塘、銀禧水塘（城門水塘）、石壁水塘、船灣淡水湖及萬宜水庫等。

大潭篤水塘落成紀念碑

　　　　　　　　　　　　　　　　石頭上的香港史

城門水塘落成紀念碑

石壁水塘紀念碑石

| | | |
|---|---|---|
| 策劃編輯 | 梁偉基 | |
| 責任編輯 | 江其信 | |
| 書籍設計 | a_kun | |
| 配圖攝影 | 江其信 | |

| | | |
|---|---|---|
| 書　　名 | 石頭上的香港史 | |
| 著　　者 | 蕭國健 | |
| 出　　版 | 三聯書店（香港）有限公司 | |
| | 香港北角英皇道 499 號北角工業大廈 20 樓 | |
| | Joint Publishing (H.K.) Co., Ltd. | |
| | 20/F., North Point Industrial Building, | |
| | 499 King's Road, North Point, Hong Kong | |
| 香港發行 | 香港聯合書刊物流有限公司 | |
| | 香港新界荃灣德士古道 220-248 號 16 樓 | |
| 印　　刷 | 美雅印刷製本有限公司 | |
| | 香港九龍觀塘榮業街 6 號 4 樓 A 室 | |
| 版　　次 | 2022 年 7 月香港第一版第一次印刷 | |
| 規　　格 | 大 32 開（140mm×210mm）160 面 | |
| 國際書號 | ISBN 978-962-04-4922-2 | |